Jens Schumacher

Die CHALLENGE deines LEBENS

Überlebst du die PUBERTÄT?

Illustriert von Vera Schmidt

Loewe

Dies ist deine Geschichte!

Das Buch, das du in Händen hältst, ist nicht wie andere Bücher. Es ist einmalig.

Klar, denkst du. *Das behaupten alle.*

Aber hier stimmt es ausnahmsweise mal. Was auf den Seiten dieses Buches passiert, erlebst nur du auf diese Weise. Deine beste Freundin, dein Bruder, deine Cousine, dein Onkel oder Nachbar lesen eine völlig andere Geschichte.

Denn in diesem Buch bestimmt der Leser oder die Leserin, was passiert. Also *du!* Du schlüpfst in die Rolle der Hauptfigur und versuchst, sie durch einen Strudel von Ereignissen an den größten Katastrophen vorbeizusteuern, die das Leben zu bieten hat.

Wie funktioniert's?

Blättere um und fange ganz normal an zu lesen. Im weiteren Verlauf tu immer exakt das, wozu der Text dich auffordert. Wenn du dich an alle Anweisungen hältst, kann nichts schiefgehen.

Na ja …

Genau genommen kann in dieser Geschichte *alles* schiefgehen – und zwar kolossal! Wie im echten Leben.

Die Frage ist also nicht:
Geht etwas schief?
Denn schiefgehen wird einiges!

Die Frage lautet:

Meisterst du **Die Challenge deines Lebens?**

1

Freistunde! Die einzige Zeit, in der Schule okay ist.

Entspannt siehst du dich im Aufenthaltsbereich im zweiten Stock des Schulgebäudes um. Außer dir hängen noch ein paar andere aus deiner Klasse hier ab. Den Rest hat das sommerliche Wetter ins Freie gelockt.

Eigentlich müsstet ihr jetzt Physik bei Dr. Stanzmeyer absitzen. Aber der ist aus irgendeinem Grund heute Morgen nicht erschienen. Wahrscheinlich krank. Egal. Hauptsache, du kannst jetzt eine Stunde lang all den wichtigen Beschäftigungen nachgehen, denen man sich als verantwortungsbewusster Schüler heute zu widmen hat: Textnachrichten, TikTok-Trends, chillen ...

Du hast eben dein Smartphone aus der Tasche gezogen, da eilt eine Gestalt über den Flur auf dich zu, die dir irgendwie bekannt vorkommt. Sie wedelt aufgeregt mit den Armen und ruft dabei immer wieder deinen Namen ...

Moment! Wie *lautet* eigentlich dein Name?

In dieser Geschichte kannst du in die Rolle einer von drei Personen schlüpfen, alle ungefähr in deinem Alter: Ida (→ **98**), Kilian (→ **237**) und Dodo (→ **60**). Bevor du deine Wahl triffst, kannst du jeden von ihnen genauer unter die Lupe nehmen. Lies einfach den Abschnitt, dessen Nummer in Klammern hinter dem jeweiligen Namen steht.

Wenn du entschieden hast, wer du in dieser Story sein möchtest, lies weiter bei → **179** für Ida, bei → **44** für Kilian oder bei → **330** für Dodo!

2 Du stellst dich vor und bietest an, Leon an der Schule herumzuführen und ihm zu erklären, wie hier alles so läuft. Er bedankt sich für das Angebot, nimmt es aber nicht an. Generell bleibt er eher zurückhaltend ... Bist du vielleicht nicht sein Typ? Oder ist er einfach zu cool, um sich am Schulkiosk anbaggern zu lassen?

Auch in der folgenden Pause kommt er nicht auf den angebotenen Rundgang zurück, scheint dich sogar zu ignorieren. Auf dem Nachhauseweg überlegst du, ob du Leon vergessen und dich stattdessen lieber wichtigeren Dingen zuwenden solltest (→ **161**). Oder gibst du so schnell nicht auf und bleibst am Ball (→ **77**)?

3 Die Tür öffnet sich, und deine Mom steckt den Kopf herein. »Was treibst du hier so ganz allein? Wir haben dich beim Abendessen vermisst.«

Du erklärst, dass du für dein seelisches Gleichgewicht ein bisschen rumballern musst. Interessiert schaut sie dir einige Minuten beim Zocken zu. Schließlich fragt sie, ob sie mitmachen könne. Du bist bereits so tiefenentspannt, dass du vorschlägst, sie solle sich auf ihrem Laptop einloggen und mit dir ein Team bilden. Gesagt, getan. Überraschenderweise beherrscht deine Mom das Spiel sehr schnell, und auch wenn es dir etwas peinlich ist, jemanden im Default-Outfit im Team zu haben, macht es erstaunlich viel Spaß. Am Ende ist außer euch nur noch ein anderes Zweierteam übrig, das sich »UltraRekt« nennt. Ganz ohne Absprache startet deine Mom ein Ablenkungsmanöver, sodass du die beiden Gegner mühelos ausschalten kannst.

Später im Bett textest du Ivo Pokladnik, dem Computer-Nerd deiner Klasse, und erzählst ihm von deinem ungewöhnlichen Spielerlebnis und eurem Erfolg über »UltraRekt«. Er antwortet dir mit einer ganzen Reihe lachender Emojis – »UltraRekt« ist der Teamname, den euer Schulleiter, Rektor Niezentotz, verwendet, wenn er zusammen mit seinem Sohn zockt. Dein Erfolg sollte sich morgen schnell an der ganzen Schule herumsprechen ... *Mach im vorderen Buchdeckel einen Strich bei* ***FAME*** *(*→ **326***)!*

Auch wenn sich das Lob ein bisschen übertrieben angefühlt hat – irgendwie stimmt es, oder? Wenn es mehr Schüler wie dich gäbe, *wäre* die Welt ein deutlich besserer Ort! *Mach im vorderen Buchdeckel einen Strich bei* ***FAME****!* Zufrieden machst du dich auf den Weg nach Hause (→ **161**). 4

Am Wochenende ist das jährliche Vereinsfest. Dort setzt du dich mit deinem Isodrink neben ein attraktives Mädchen, das dir bereits beim Training aufgefallen ist. Ihr kommt ins Gespräch. Luna erzählt dir, dass sie ursprünglich mit dem Kicken angefangen hat, um ein bisschen beweglicher zu werden und ihre Kondition zu verbessern. Das hat spektakulär gut geklappt. Mittlerweile ist sie sogar eine der Topspielerinnen auf dem Feld. 5

Ihr versteht euch prima, auch beim nächsten Training. Am folgenden Wochenende verabredet ihr euch in der Stadt.

Das Date endet unerwartet und erfreulich: mit einem Kuss. Als du Luna zum Abschied gestehst, dass du in Kürze in die Karibik zu Dr. Feast fliegen sollst, bietet sie dir sofort an, dich zu begleiten. Du kannst dein Glück kaum fassen – *mit Partnerin* zum spektakulärsten Dinner der Welt aufzulaufen, wäre der Hammer! *Kreise das bereits angekreuzte Wort GIRL auf deinem* ***Steckbrief*** *zusätzlich ein.* Ihr beschließt, so bald wie möglich wieder etwas zusammen zu unternehmen, dann gehst du überglücklich nach Hause (→ **321**).

6 »Das ist überhaupt nicht fan-tas-tisch, Frau W.!«, stößt du hervor. »Das ist grau-en-haft! Ich kann dort nicht hin, weil … aus … aus *Gründen!* Sie müssen die Sache abblasen!«

Britta Wickers starrt dich an, als hättest du dir einen zweiten Kopf wachsen lassen und würdest mit dir selbst knutschen. »Grau-en-haft?«, wiederholt sie. »Unfug! Das ist die größte Chance deines Lebens. Erinnerst du dich, wie wir uns neulich über Chancen unterhalten haben? Darüber, wie wichtig es ist, im Leben manchmal Dinge zu versuchen, statt immer nur ›Nö‹ zu sagen?«

Klar erinnerst du dich. Aber das war ein *theoretisches* Gespräch! Dies hier ist die Realität – real wie das Foto von dir, das Britta W. der Produktionsfirma geschickt haben muss und das jetzt auf der Website von Dr. Feast prangt, wie du schockiert feststellst!

»Was immer dich davon abzuhalten scheint, diese Reise anzutreten und die großartigste Party deines Lebens zu erleben, du kannst es überwinden!« Britta W. entwindet dir ihr Smartphone und tätschelt dir zum Abschied den Kopf. »Das haut schon hin, Dodo! Hinterher wirst du mir dankbar sein!« Lächelnd tänzelt sie über den Flur davon.

Kein Zweifel: Sie hat völlig den Verstand verloren!

Egal, das ändert auch nichts. Die Online-Community kennt dein Gesicht, Chats verbreiten die Kunde von deiner Teilnahme bei »Come Feast with Dr. Feast« um die ganze Welt. Dir bleibt nichts anderes übrig, als den Kampf gegen ein massives Cringe in Godzillagröße anzutreten ... und gegen deinen Körpergeruch (→ **210**)!

7

Als du an die Tür zu Hausmeister Moepsels Werkstatt klopfst, erfolgt keine Reaktion. Du probierst die Klinke. Es ist offen.

In Moepsels Reich herrscht das übliche Chaos aus reparaturbedürftigen Schulmöbeln, alten Türen und Fenstern, Besen, Schaufeln und anderem Werkzeug. Von ihm selbst fehlt jede Spur. Du entdeckst Frau Gmelchs Fahrradkorb auf einer Werkbank und willst ihn gerade an dich nehmen, als dir ein sonderbares Licht auffällt. Es zuckt unter dem Spalt einer Tür hindurch, die offenbar zu einem weiteren Werkstattraum führt. Ein kurzes, grelles Flackern, dann ist es schon wieder verschwunden. Möchtest du die Tür öffnen, um nachzusehen, was dahinter vor sich geht (→ **151**)? Rufst du lieber erst mal laut nach dem Hausmeister (→ **186**)? Oder schnappst du dir den Korb und machst, dass du damit zum Lehrerzimmer kommst (→ **11**)?

8 Als du an der Reihe bist, liebäugelst du kurz mit einer süßen Apfeltasche. Nach kurzem Überlegen entscheidest du dich stattdessen für einen normalen Apfel – der hat weniger Zucker und ist gesünder. Du hast ihn gerade aufgefuttert, da beginnt die nächste Unterrichtsstunde (→ **299**).

9 Am folgenden Schultag hockst du schlecht gelaunt und grübelnd in der letzten Reihe, während sich Geschichtslehrer Dr. Klinscher vorne über das Zeitalter der Reformation auslässt. Klinscher ist berüchtigt dafür, dass er gern spontan Schüler aufruft, die sich nicht gemeldet haben – etwas, das du *hasst*. Während er sich vorne wortreich über das frühe 16. Jahrhundert auslässt, bist du mit deinen Gedanken weit weg – nämlich bei deiner Bucketlist und dem drohend näher rückenden Tag X, der möglicherweise *alles* in deinem Leben verändern wird ...

Obwohl du Geschichte normalerweise ganz interessant findest, hast du heute Probleme, Klinschers Gefasel zu folgen. Willst du ihn ausblenden, um dich auf deine drängenden Probleme zu konzentrieren (→ **298**)? Zwingst du dich, ein interessiertes Gesicht aufzusetzen und wenigstens hin und wieder zu nicken, damit Klinscher den Eindruck bekommt, du würdest zuhören (→ **229**)? Oder reißt du dich zusammen und versuchst, aktiv am Unterricht teilzunehmen, um dich auf diese Weise von deinen pessimistischen Gedanken abzulenken (→ **310**)?

10

Minuten vergehen. Als Mads sicher ist, dass du dich nicht rächen willst, foult er dich erneut – und wieder schlägst du der Länge nach hin! Diesmal haben ein paar Mitschüler den Angriff mitbekommen, aber keiner traut sich, Herrn Unholdt darauf aufmerksam zu machen. Du unterdrückst deine Wut, bleibst friedlich und beendest das Spiel mit zwei schmerzenden Knien. Erleichtert gehst du in die Pause.

Doch auf dem Hof ertönt wenig später unvermittelt eine Stimme dicht neben deinem Ohr: *»Na? Tut's noch sehr weh, Weichei?«* (→ **202**)

11

Frau Gmelch empfängt dich an der Tür des Lehrerzimmers und dankt dir herzlich. Lang und breit lässt sie sich darüber aus, wie schön es wäre, wenn es mehr einsatzbereite und verlässliche Schüler wie dich gäbe. Mit hochrotem Kopf verabschiedest du dich schließlich von ihr.

Karma-Time! Tippe mit geschlossenen Augen auf die Symboltafel im hinteren Buchdeckel. Das Zeichen, das du dabei erwischst, bestimmt, wo es weitergeht:

 oder  oder  oder  → **4**

 → **88**

12

Die Tür wird vorsichtig geöffnet, und deine Mom streckt den Kopf herein. »Ich fürchte, es wird allmählich Zeit, dass du zu Bett gehst.«

Schaltest du den Rechner aus und gehst schlafen (→ **326**), oder bettelst du darum, noch etwas weiterzocken zu dürfen (→ **29**)?

13 Du genehmigst dir ein großes Glas Bowle. *Mmh*, die volle Ladung Zucker und Kohlensäure! Da die Musik gerade zu schlecht ist, um einen Annäherungsversuch zu wagen, gönnst du dir noch einen Becher. Wow – das Zeug macht wirklich süchtig! Du füllst ein weiteres Mal auf und gehst zum Angriff über ... Aber wo steckt jetzt Leon? Auf deinem Weg durchs Haus trinkst du auch den dritten Becher Bowle aus und merkst, wie die viele Flüssigkeit in deinem Magen gluckert. Schließlich findest du Leon im Gespräch mit ein paar Mädchen aus eurer Klasse. Aufgeregt und mit einem merkwürdigen Gefühl im Bauch näherst du dich von hinten und tippst ihm auf die Schulter. Als er sich umdreht, beginnst du: »Leon? Ich muss dir was Wichtiges ... *BLÖÖAARGH!*«

So war das nicht geplant! Drei Becher Bowle – plus alles, was du davor gegessen und getrunken hast – finden ihren Weg auf Leons Sweater. Vor Schock benötigst du etliche Sekunden, um zu begreifen, dass dies vermutlich die peinlichste Situation deines bisherigen Lebens ist. *Mach im vorderen Buchdeckel einen Strich bei* ***CRINGE!*** Worte können hier nichts mehr retten, deshalb machst du, dass du verschwindest. In Sachen Leon brauchst du dir zukünftig keine Hoffnungen mehr zu machen (→ **161**)!

14 Klinschers Gesicht verhärtet sich. »Wie die Dinge liegen, bin ich dein Lehrer und kann dir infolgedessen *sehr wohl* auftragen, was du zu tun hast!«

Steht auf der BUCKETLIST deines **Steckbriefs** das Wort GNUMMITS (→ **154**)? Steht es nicht dort, oder ist es bereits durchgestrichen → **126**.

15

Im Bücherregal deiner Eltern findest du einen Roman von Stephen King. Nicht gerade ein Jugendbuch, aber irgendwer hat mal behauptet, dass King gut sei. Die Story ist jedenfalls nicht übel: Menschen werden als Folge eines Mobilfunksignals zu irren Killermaschinen und metzeln alles und jeden nieder. Du bist positiv überrascht! Vielleicht ist Lesen ja doch nicht so lahm, wie du immer dachtest?

In den folgenden zwei Tagen liest du das Buch komplett durch. Kein Wunder – ohne Internet und bei dem bodenlos schlechten Programm der wenigen Kabelsender bleibt schließlich kaum etwas anderes zu tun.

Am Abend dann, du schlägst den Roman gerade zufrieden zu, gellt plötzlich die Stimme deines Dads durchs Haus: »ES IST WIEDER DAAAAA!«

Dein Herz setzt einen Schlag aus. Meint er etwa das, wovon du denkst, dass er es meint …? Du checkst dein Smartphone – und stößt einen Freudenschrei aus: Das Internet ist zurück! Schon trudeln die ersten Textnachrichten ein.

Wie sich herausstellt, haben die Geheimdienste verschiedener europäischer Mächte die Cyber-Terroristen gefasst und repariert, was auch immer sie sabotiert hatten. Das Elend hat ein Ende (→ **70**)!

16 Ziellos wanderst du durch die Innenstadt, Kopfhörer in den Ohren, Musik laut. Es ist angenehm wenig los, die Kids sind in der Schule, die meisten Erwachsenen auf der Arbeit. Leider baut dich das kaum auf. Du fühlst dich immer noch, als würdest du am Boden eines tiefen schwarzen Lochs sitzen und nach oben starren – hinauf zur Oberfläche, wo Licht und Glück sind.

Nach einer Weile taucht auf der linken Straßenseite eine Apotheke auf. Möchtest du sie betreten und dich erkundigen, ob man dir dort vielleicht irgendwie helfen kann (→ **306**)? Oder ziehst du es vor, bis zum Marktplatz weiterzuschlurfen, dich irgendwo hinzusetzen, die Musik noch lauter aufzudrehen und dir selbst leidzutun (→ **184**)?

17 Während sich Mads noch den Bauch hält vor Lachen, holst du weit aus und trittst ihm voll gegen das Schienbein. Nicht gerade dein glanzvollster Moment, aber du kannst dich einfach nicht beherrschen. Mit verzerrtem Gesicht, das schmerzende Bein in beiden Händen, hüpft er auf dem verbliebenen auf und ab. Sein Kumpel Thomas muss kichern. Keine gute Idee! Kaum steht Mads wieder auf beiden Füßen, wendet er sich Thomas zu, um ihn zu lehren, dass man über ihn nicht ungestraft lacht. Thomas tritt die Flucht an, Mads rennt hinterher. Malik Szabi steht noch einen Moment dümmlich in der Gegend herum, dann folgt er den beiden. Nicht zum ersten Mal überlegst du, wie entspannt Schule sein könnte, wenn man keine Mitschüler zu ertragen hätte … (→ **228**)

Unbemerkt folgst du Nico, als er den offiziellen Pausenbereich verlässt und die Sporthalle umrundet. Um eine Ecke beobachtest du, wen er dort trifft: Jan. Und der ist nicht allein: Neben ihm steht, einen Arm um seine Hüfte gelegt, ein hübsches, sportliches Mädchen aus der Oberstufe! Zum Glück hat Nico nicht bemerkt, dass du ihn bespitzelt hast – das hätte leicht ins Auge gehen können. 18

Die Erkenntnis, dass Jan mit jemand anderem zusammen ist, trifft dich wie ein Faustschlag. Doch schon auf dem Nachhauseweg wird dir klar, dass es wichtig für dich war, das zu erfahren. So verschwendest du keine Energie darauf, jemanden zurückzugewinnen, der nicht mehr zurückzugewinnen ist. Schließlich brauchst du momentan deine ganze Power, um ein anderes, dringenderes Ziel zu erreichen (→ **161**).

Bei dem neuen Mitschüler handelt es sich um einen großen, schlanken Jungen namens Leon. Er macht einen cleveren Eindruck und ist definitiv nicht auf den Mund gefallen: Als Frau Gmelch sich bei seiner Vorstellung verhaspelt, feuert er vor versammelter Mannschaft einen spontanen Spruch auf ihre Kosten ab. Nicht schlecht! Du beschließt, ihn dir bei Gelegenheit etwas näher anzusehen … 19

In der folgenden Pause siehst du Leon am Schulkiosk anstehen – allein. Nimmst du dir ein Herz, gehst rüber und sprichst ihn an (→ **36**)? Oder wartest du auf eine bessere Gelegenheit, mit ihm in Kontakt zu kommen (→ **77**)?

20 Als du eine Ecke umrundest, siehst du auf der anderen Seite des Schulhofs Kunstlehrerin Britta Wickers. Sie ist über und über beladen mit Eimern, Papprollen, Altpapier und Farbtuben, offenbar Materialien für ihre nächste Unterrichtsstunde. Alle paar Schritte fällt ihr irgendwas runter. Du überlegst, ob du vielleicht rübergehen und ihr helfen sollst (→ **170**). Andererseits hattest du für heute eigentlich schon genug Interaktion mit Lehrern, außerdem möchtest du ungern wie ein Schleimer wirken, falls jemand deine selbstlose Hilfsaktion beobachten sollte. Wenn du also lieber einen weiten Bogen schlägst, sodass sie dich nicht sieht → **234**.

21 Am Nachmittag ziehst du dich in dein Zimmer zurück und verdrängst jeden Gedanken an Netflix erfolgreich mit TikTok und etwas Zocken …

Karma-Time! Tippe mit geschlossenen Augen auf die Symboltafel im hinteren Buchdeckel! Das Zeichen, das du erwischst, bestimmt, wo es weitergeht:

☯ → **270**

🪷 → **125**

⛤ → **224**

ॐ → **216**

☀ → **296**

(Solltest du beim betreffenden Abschnitt feststellen, dass du diesen bereits kennst, kehre ausnahmsweise hierher zurück und tippe auf ein neues Symbol.)

22

Die nächsten Tage nerven mit einer Abfolge langweiliger und belangloser Ereignisse. Keine echten Katastrophen, aber auch nichts, was das Leben irgendwie angenehmer machen würde. Öder Alltag, der dich der Lösung deines drängenden Problems leider keinen Schritt näherbringt ... (→ **171**)

23

Das Telefon klingelt wie üblich rund zehnmal, bis Oma Hedi endlich rangeht. »Kili! Wie geht's meinem Lieblingsenkel? Hast du was auf dem Herzen?«

Zu welchem Thema möchtest von deiner Oma Rat einholen:

- Zu einem Problem mit deiner Haut (→ **188**)?
- Zu einem Problem mit deiner Stimme (→ **54**)?
- Zu einer Problemzone unter deinen Achseln (→ **113**)?

24 Zufrieden schreibt Klinscher deinen Namen in sein Notizbuch. Mit der vagen Ahnung, dass das möglicherweise keine kluge Entscheidung war, gehst du wenig später in die Pause (→ **187**).

25 Du ignorierst die ausländischen Schüler und widmest dich deinem Burger. Kurz darauf kommt Kunstlehrerin Britta Wickers in die Mensa, holt sich ebenfalls einen Veggie-Burger und schaut sich suchend nach einem Sitzplatz um. Als sie dich sieht, kommt sie rüber und setzt sich zu dir. Während ihr euch die Burger ins Gesicht drückt, erkundigt sich Frau Wickers, wie die Dinge hinsichtlich deines anstehenden Treffens mit Dr. Feast stehen. Du bringst sie auf den aktuellen Stand und gestehst ihr, dass du Bedenken hast, ob du deine Bucketlist bis zum Tag X vollständig abgearbeitet bekommst. Britta Wickers legt dir eine Hand auf die Schulter. »Wenn es einer schafft, trotz all der lästigen Probleme, die die Pubertät mit sich bringt, bei Dr. Feast eine gute Figur zu machen, dann du«, sagt sie voller Überzeugung.

Du bist dir da nicht so sicher, aber die positiven Worte tun gut und geben dir neue Motivation. *Mach im vorderen Buchdeckel einen Strich bei* ***FAME!*** Als du aufgegessen hast, verabschiedest du dich, um endlich den versprochenen Botengang für Frau Gmelch zu erledigen (→ **7**).

26

Die Antwort von Mel lässt nicht lange auf sich warten:

Deinen Style ändern? Wieso denn das? Ich dachte immer, du wärst happy mit dieser komischen Art, dich anzuziehen?

Komische Art, dich anzuziehen? Danke für das Kompliment!

Geh doch mal in anderen Läden shoppen als sonst.

Spitzentipp! Als könntest du dir aussuchen, wo du deine Klamotten kaufst. In »deine« Läden gehst du doch nur, weil sie Sachen haben, die du dir leisten kannst. Alles andere ist für dich unerschwinglich.

Letzte Möglichkeit: Altkleidercontainer ausrauben!

Die Smileys am Ende der Nachricht können nicht darüber hinwegtäuschen, dass das ein ziemlicher Griff ins Klo war (→ **131**).

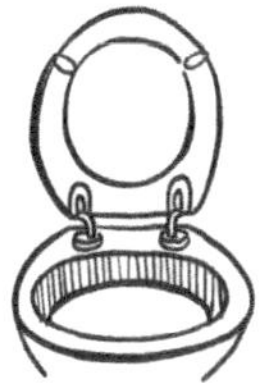

27

Du erinnerst dich, dass dein Vater vor Kurzem ChatGPT in einer kostenpflichtigen, leistungsstärkeren Version abonniert hat. Am Nachmittag setzt du dich an seinen Rechner und gibst der künstlichen Intelligenz Thema, gewünschte Länge sowie ein paar Eckdaten zu deinem Referat. Dann gehst du dir einen Kakao machen. Als du zurückkommst, ist das Referat fertig – exakt so lang wie bestellt, komplett mit Bildern, die du präsentieren kannst. Wow! Du montierst die Grafiken zu einer primitiven PowerPoint-Slideshow zusammen, druckst den Text aus – fertig! Für den Rest der Woche machst du dir keine Gedanken über Dr. Klinscher und das blöde Referat mehr.

Am Tag der Präsentation trittst du selbstsicher vor die Klasse. Auf dem Whiteboard erscheint das Gesicht von Martin Luther. Du beginnst, deinen Text vorzutragen, wobei du immer wieder von deinen Unterlagen aufsiehst und ins Publikum lächelst wie ein richtiger Profi. Aber wieso kichern denn alle? Du konzentrierst dich etwas mehr auf das, was dein Mund da nahezu automatisch vom Blatt abliest … *Schweine?* Wieso kommen in deinem Referat Schweine vor? Und deren Mist? Irritiert hältst du inne und blätterst zwei Seiten vor. Voller Entsetzen stellst du fest, dass du dich beim Eingeben der Schlagwörter offenbar gleich mehrfach vertippt hast. Zu dem Quatsch, nach dem du gefragt hast, konnte ChatGPT nichts Sinnvolles finden, daher hat die KI einen exzellent formulierten Aufsatz über einen mittelalterlichen Schweinezüchter namens Marten Zuckher getextet … und du hast gerade eine volle Seite davon vorgelesen, ohne es zu merken! Klinscher durchschaut sofort, was passiert ist, und belohnt deinen Betrugsversuch mit einer Sechs. *Mach im vorderen Buchdeckel einen Strich bei* ***CRINGE!*** Das Gelächter deiner Mitschüler hallt noch in deinen Ohren wider, als du dich nach der Schule auf den Nachhauseweg machst (→ **106**).

28

Beim Bummeln durch die Stadt glaubst du plötzlich, deinen Augen nicht zu trauen: Vor einem Klamottengeschäft steht ... Hannah! Erfreut läufst du zu ihr und grüßt sie herzlich – als ein schlankes Mädchen mit hellem Teint aus dem Laden tritt und Hannahs Hand ergreift. Hannah wirkt durchaus erfreut, dich zu sehen. Mit strahlendem Lächeln stellt sie dir Milla vor, ihre neue Freundin. Trotz deiner Verwirrung gelingt es dir, ein paar halbwegs vernünftige Sätze hervorzubringen. Milla macht einen netten Eindruck, du kommst auf Anhieb gut mit ihr aus. Beide Mädchen wirken sehr verliebt, ihre Hochstimmung ist beinahe ansteckend.

Auf dem Heimweg versuchst du, deine widersprüchlichen Gefühle zu ordnen. Am Ende siegt deine Freude darüber, dass Hannah jetzt glücklich ist – und die Erleichterung darüber, dass du in dieser stressigen Phase deines Lebens nicht vergeblich Energie dafür verschwendet hast, jemanden zurückzugewinnen, der gar nicht zurückzugewinnen ist. Du hast schließlich aktuell ganz andere Probleme (→ **161**)!

29

Begeistert erklärst du deiner Mutter, wie gut du dich bisher geschlagen hast und dass du unbedingt noch die nächste Battle spielen musst. Sie kommt rein, schließt die Tür hinter sich und schaut dir eine Weile beim Zocken zu. »Das sieht witzig aus«, findet sie. »Meinst du, ich könnte das auch?«

Was tut man nicht alles, um weiterzocken zu dürfen? Widerwillig legst du deiner Mom auf ihrem Laptop einen eigenen Account an, und wenig später ist sie online. Dein Angebot, mit dir im Team zu spielen, lehnt sie ab. Sie will sich auf eigene Faust durchschlagen. Bitte, kann sie haben!

Karma-Time! Tippe mit geschlossenen Augen auf die Symboltafel im hinteren Buchdeckel. Das Zeichen, das du erwischst, bestimmt, wo es weitergeht:

☀ oder 🪷 → **265**

⛤ oder ॐ oder ☯ → **319**

30

Wie üblich nimmt Pia deinen Anruf direkt nach dem ersten Klingeln entgegen, als hätte sie nur darauf gewartet, dass sich jemand bei ihr meldet. »Hey, Id! Was geht?«, ruft sie gut gelaunt.

»Frag eher, was *nicht* geht, Pi. Ich hab ein Problem …«

»Lass hören!«

- »Ich passe nicht mehr in meine Klamotten!« (→ **42**)
- »Diese ständigen Stimmungsschwankungen machen mich fertig!« (→ **247**)
- »Mein Style ist so grauenvoll, ich mag mich schon nicht mehr im Spiegel anschauen!« (→ **276**)

31

Sosehr du in den folgenden Tagen versuchst, *Way of Vogue* zu ignorieren – deine Mitschüler hören einfach nicht auf, sich in den höchsten Tönen über die Serie auszulassen. Was *dieser* Schauspieler in der zweiten Staffel wieder getragen habe … die unglaublichen Schuhe *jener* Nebendarstellerin … der Schnitt *dieses* Kleids auf der pompösen Gala-Party im Eiffelturm-Restaurant … Du entnimmst dem Gerede, dass der Style der Protagonisten offenbar einen großen Teil der Faszination der Serie ausmacht. Entschließt du dich, doch mal ein Auge zu riskieren (→ **115**)? Oder macht dich das anhaltende Gelaber aggressiv, und du ergreifst Gegenmaßnahmen, indem du jedem *TubbyBears* ans Herz legst, eine grottenschlechte Serie, die vor Urzeiten mal aktuell war und die du mit drei Jahren immer gesehen hast (→ **178**)?

32

Am nächsten Morgen erwachst du ausgeruht und mit mehr Elan als in den vergangenen Tagen. Voller Motivation suchst du dir die Klamotten für den heutigen Tag zusammen … Nein, nein: *Die* Hose ist Mist. *Das* Top auch. *Diese* Shorts gehen höchstens noch zu Karneval … Und was, um Himmels willen, ist mit deinen Sneakern passiert? Waren die nicht mal *weiß*?

Nach zwanzig Minuten – deine Mom hat schon zweimal zum Frühstück gerufen – stehst du immer noch in Unterwäsche vor dem Kleiderschrank. Vor dir liegt ein Haufen Kleidungsstücke, von denen du dir nicht vorstellen kannst, sie auch nur an *einem* weiteren Tag deines Lebens zu tragen. Die bittere Wahrheit ist: Dein Style ist bodenlos grauenhaft! Du musst dringend etwas ändern, sonst wird dein Auftritt bei Dr. Feast so stylish wie eine Clownnummer im Zirkus!

*Schreib das Wort ELYTS in die dritte Zeile deiner BUCKETLIST (bei Abschnitt **100**)*, anschließend → **135**.

33 Als du wieder zu dir kommst, liegst du in einem Krankenhausbett. Dir ist schwindelig, dein Bauch und dein Kopf schmerzen, aus einem Tropf fließt Kochsalzlösung in deinen Arm. Was ist passiert?

Eine Schwester erscheint. Erfreut stellt sie fest, dass du wach bist. »Euer Hausmeister hat dich bewusstlos in irgendeinem Flur im Keller der Schule gefunden. Hattest du gestern zufällig etwas aus eurer Mensa? Offenbar gab es dort einen kleinen Salmonellenvorfall. Mehrere Dutzend Schüler hatten Vergiftungssymptome und mussten wegen Brechdurchfall und anschließender Dehydration behandelt werden. Wie du!«

Als du stammelnd berichtest, was du in den Minuten vor deinem Blackout mitangesehen hast, bedenkt dich die Schwester mit einem mitleidigen Blick. »Halluzinationen sind in so einem Fall nichts Ungewöhnliches«, erklärt sie augenzwinkernd. »Und je bunter die eigene Fantasie, desto wilder die Halluzinationen.«

Am Nachmittag darfst du nach Hause. Auch dort glaubt niemand auch nur ein Wort deines Berichts. In der Schule am folgenden Tag hast du nicht mehr Glück – im Gegenteil: Je mehr du darauf beharrst, gesehen zu haben, was du gesehen hast, desto mehr Freunde und Mitschüler lachen dich aus. *Mach im vorderen Buchdeckel einen Strich bei* ***CRINGE****!* Irgendwann bist du dir selbst nicht mehr sicher, was du denken sollst … Als du am Nachmittag im Schulkeller auf Spurensuche gehen willst, versperrt dir eine Wand aus Holzplatten unmittelbar hinter der Treppe den Weg. »Wegen Statikmängeln dauerhaft gesperrt«, verkündet ein Schild.

Auf dem Nachhauseweg fragst du dich, ob du vielleicht tatsächlich alles nur geträumt hast … (→ **161**)

34

Du wirfst Elonia den Rettungsring zu. Sie bekommt ihn zu fassen und kann sich an dem daran befestigten Tau zum Schiff ziehen. Sekundenbruchteile, bevor die erste dreieckige Rückenflosse herangeschossen kommt, klettert sie auf die flache Bootslandeplattform unterhalb des Decks. Du hast bereits jemandem von der Besatzung Bescheid gesagt, und im Handumdrehen ist die Produzentin sicher im Innern des Schiffs.

Etwas später dankt dir die Produzentin, schon wieder frisch geschminkt und in trockenen Kleidern, für ihre Rettung. Deine Hoffnung, sie könnte dich zum Dank vielleicht *doch* beim Livestream mitmachen lassen, erfüllt sich leider nicht. Aber immerhin gestattet sie dir, das Spektakel von den Crew-Quartieren aus zu verfolgen. Wenigstens etwas.

In der Bordküche werkeln mehrere Spitzenköche an den elf Gängen des heutigen Menüs. In einem Nebenraum steigen gerade Dutzende Kellner in schneeweiße Livreen, um das Dinner zu servieren. Beim Anblick ihrer Arbeitskleidung kommt dir eine Idee ... Möchtest du dir eine Montur schnappen und versuchen, dich als Kellner verkleidet irgendwie in den Stream zu mogeln (→ **208**)? Oder ziehst du es vor, dich an Elonia Bezok und Dr. Feast zu rächen, indem du ihr bescheuertes Dinner fachmännisch sabotierst (→ **118**)?

35 Die Adresse in der Birkenallee gehört zu einem hübschen alten Haus mit Türmchen und Erkern. SIGRID MOERCHEN, NATURHEILVERFAHREN & ALTERNATIVE MEDIZIN steht auf einem Schild am Tor. Auf dein Klingeln erscheint die Heilpraktikerin persönlich und öffnet dir.

»Guten Tag, Frau Moerchen«, hebst du an.

»Sag ruhig Doshi zu mir«, unterbricht sie dich. »Das ist mein spiritueller Name.« Sie schaut dir prüfend ins Gesicht und nickt. »Ich sehe schon, weshalb du kommst. Folge mir!«

Sie führt dich in ein Behandlungszimmer, das mit lächelnden Buddhafiguren, bunten Tüchern und Trockenblumen dekoriert ist. »Du weißt vermutlich, dass Pickel nichts mit mangelnder Hygiene zu tun haben«, beginnt Doshi freundlich. »Sie werden bei den meisten Jugendlichen in deinem Alter durch einen Überschuss an Geschlechtshormonen verursacht. Als Folge dieses Ungleichgewichts produziert die Haut mehr Talg. Der fließt normalerweise durch die Poren ab. Sind allerdings welche davon verstopft, klappt das nicht. Es entstehen Pickel und Mitesser.«

»Was kann ich dagegen machen?«, fragst du.

»Soweit ich erkennen kann, hast du keine schwere Form von Akne. Zweimal täglich waschen mit einer milden Bio-Waschlotion, die den Säureschutzmantel der Haut nicht angreift, sowie regelmäßige Masken mit Heilerde sollten schon eine Verbesserung bringen.« Sie gibt dir einen Tiegel mit bröseligem Zeug und erklärt dir, wie man daraus eine Paste anrührt und diese aufträgt. »Ich schreibe dir außerdem die Namen von zwei Cremes auf. Eine enthält Zinkoxid, die andere Salicylsäure. Beide können helfen, die Haut reiner zu machen. Probier aus, was bei dir besser wirkt. Von aggressiven Reinigungsmitteln, Pickelausdrücken und Kosmetik zum Überschminken würde ich die Finger lassen. Dafür darfst du aber ab und zu mal in die Sonne gehen.« Sie lächelt. »Sollte es in absehbarer Zeit nicht besser werden, komm gerne wieder.«

Aber es *wird* besser! In den folgenden Tagen setzt du Doshis Tipps penibel in die Tat um. Schon nach einer Woche kannst du eine deutliche Verbesserung erkennen – die Pusteln in deinem Gesicht werden kleiner und weniger, bis sie aus zwei Schritten Entfernung kaum noch zu sehen sind. Das Dinner mit Dr. Feast kann kommen. *Streich das Wort ENKA auf der* BUCKETLIST *deines* ***Steckbriefs*** *durch!*, anschließend **→ 79**.

36

Du atmest einmal tief durch, dann trittst du auf Leon zu und öffnest den Mund zu einem flotten Gruß …

Karma-Time! Tippe mit geschlossenen Augen auf die Symboltafel im hinteren Buchdeckel. Das Zeichen, das du erwischst, bestimmt, wo es weitergeht:

 **→ 67**

 oder  oder  **→ 2**

 **→ 136**

37

Lea Schlumberger freut sich über deinen Anruf. Und sie erinnert sich an dein Problem. »Hm, mal sehen, was du machen kannst«, beginnt sie. »Duschst du täglich?«

Du bejahst.

»Täglich Haare waschen auch?«

Auch das.

»Das ist ein guter Anfang. Ich würde dir empfehlen, PH-neutrale Produkte zu verwenden, die den Säureschutzmantel der Haut nicht angreifen. Anschließend trag immer ein Deodorant auf. Lass dich nicht von übertrieben duftenden Produkten verführen – die meisten enthalten viel Chemie und überdecken üble Gerüche nur eine Zeit lang. Probier aus, was du am besten verträgst. Wenn ein Deo nicht genug hilft, versuch es mit einem Antitranspirant. Die wirken hemmend auf die Schweißdrüsen: Man schwitzt weniger, die geruchserzeugenden Bakterien bekommen weniger Nahrung. Auch hier musst du vielleicht ein bisschen herumprobieren, bis du eins findest, das du gut verträgst.«

Du machst dir Notizen, damit du nichts vergisst.

»Falls du dichtere Achselbehaarung hast, kannst du probieren, sie zu entfernen. Das kann ebenfalls helfen, die Entwicklung unangenehmer Gerüche zu verlangsamen oder ganz zu vermeiden.«

Du notierst: *Rasierer kaufen!*

»Bei der Kleidung solltest du, gerade jetzt im Sommer, Materialien wie Baumwolle oder Leinen vorziehen. Klamotten mit hohem Synthetikanteil wirken schweißtreibend. Außerdem kriegt man irgendwann den Schweißgeruch selbst beim Waschen nicht mehr raus.«

Du nimmst dir vor, ab sofort auf die Materialien von Kleidungsstücken zu achten.

»Zu guter Letzt spielt deine Ernährung eine Rolle bei der Schweißproduktion. Stark gewürzte oder scharfe Sachen verstärken das Schwitzen, Alkohol ebenso. Gemüse, Obst und Vollkornprodukte kannst du dagegen unbesorgt zu dir nehmen.« Lea Schlumberger lächelt. »Mit diesen Methoden ist es mir gelungen, mein eigenes Schweißproblem ganz gut in den Griff zu kriegen. Und du schaffst das bestimmt auch!«

Du bedankst dich herzlich bei ihr, legst auf und machst dich auf den Weg in die Drogerie (→ **56**).

38 Eine knappe Woche später kommt Kiara mit einer bahnbrechenden Neuigkeit zum Fanklub-Treffen. Über ihren älteren Bruder, einen Veranstaltungstechniker, der vor einer Weile eine Gala betreut hat, zu der Erin Manansala geladen war, ist sie an die Telefonnummer der Stylistin gekommen: 998 66 59. *Notiere die Nummer auf der* Kontaktliste *deines* ***Steckbriefs****!* Sie könnte sich noch als nützlich erweisen … (→ **51**)

39 Unsicher betrittst du die Praxis von Dr. Kat Narina. Deine Mutter hat dir erklärt, dass eine Logopädin Menschen mit Sprach-, Stimm-, Hör- und Schluckauffälligkeiten behandelt. Da der Stimmbruch keine Störung oder Krankheit im klassischen Sinne sei, ist sie nicht sicher, ob die Krankenkasse den Termin bezahlen wird, aber sie ist bereit, in diesem Fall die Kosten zu tragen.

Dr. Narina ist eine kleine, kugelrunde Frau mit Topffrisur und einem Gesicht, das ständig zu lachen scheint. Zur Begrüßung fragt sie dich, weswegen du kommst. Als du den Mund öffnest und prompt erbärmlich zu krächzen beginnst, hebt sie lächelnd eine Hand. »Der Stimmbruch ist eine ganz normale Sache. Die meisten männlichen Jugendlichen haben während der Pubertät damit zu kämpfen, manche mehr, manche weniger. Abschalten kann man ihn nicht. Aber wie bei fast allen Dingen im Leben gibt es Tricks und Kniffe, die durchaus eine Verbesserung herbeiführen können.«

In der folgenden Stunde zeigt dir Dr. Narina Atemtechniken, die dir helfen, deine Stimme mithilfe des Zwerchfells durch eine stabile Luftsäule zu stützen. Das verhindert zwar nicht das Krächzen, macht es nach etwas Training aber einfacher, deine Stimmlage sofort wieder in den Griff zu bekommen. Als Nächstes gibt sie dir einen fingerdicken Schlauch aus Silikon und bringt dir bei, durch gleichzeitiges Blubbern und Summen in einem wassergefüllten Glas deine Sprachorgane zu entkrampfen. Es folgen einige Tipps zu Faktoren, die generell schädlich für die Stimme sind, besonders während des Stimmbruchs: Rauchen und Alkohol.

Zum Abschied rät dir Dr. Narina, mit dem Umstand, dass sich deine Stimme verändert, lockerer umzugehen. »Wenn du dich nicht vor jedem Satz verkrampfst, wirst du feststellen, dass deine Stimme weniger Kapriolen schlägt. Und irgendwann ist die Sache dann sowieso Vergangenheit.«

In den folgenden Tagen machst du konsequent Atemübungen, blubberst mit dem Schlauch und versuchst generell, dich mehr zu entspannen, wenn du vor Menschen sprechen musst. Bildest du es dir nur ein oder klingst du schon weniger peinlich?

Nach einer Woche bist du dir sicher: Es geht bergauf! Ob als Folge von Dr. Narinas Tipps oder weil dein Körper sich schlicht immer weiter verändert – du wirst es wahrscheinlich nie erfahren. Beim Treffen mit Dr. Feast wird dich auf alle Fälle niemand mehr auslachen. *Streich das Wort EMMITS auf der* Bucketlist *deines **Steckbriefs** durch!* Steht dort bereits ein Wort in der dritten Zeile, egal, ob durchgestrichen oder nicht (→ **230**)? Oder ist Zeile 3 noch leer (→ **277**)?

40 Maßlos erleichtert verrammelst du dich in deinem Zimmer, um nachzuholen, was dir an Textnachrichten, Insta-Fotos, Videos, Memes und Games in den letzten Tagen entgangen ist (→ **131**).

41 Du wirfst den PC an und beschließt, dass du heute *old-school* drauf bist. Ein bisschen *Minecraft* sollte helfen, deine Gehirnwindungen zu lüften und auf andere Gedanken zu kommen. Aber was ist das? Der Rechner ist offline und verbindet sich auch nach mehrmaligen Versuchen nicht mit dem Internet. Willst du den Router checken (→ **233**) oder rufst du deinen Dad zu Hilfe (→ **174**)? Du könntest auch Ivo Pokladnik anklingeln, den Computer-Nerd aus deiner Klasse, und ihn fragen, woran es liegen mag (→ **145**).

42 »Quatsch!«, widerspricht Pia wie aus der Pistole geschossen. »Du siehst top aus, so wie du bist!«

»Die Wahrheit, Pi!«

»Okay. Deine Figur hat sich in letzter Zeit schon verändert.

Aber das ist völlig normal in unserem Alter. Manche wachsen während der Pubertät in die Höhe, andere erst mal in die Breite. Irgendwann gibt sich das wieder, ganz bestimmt! Lena aus der Parallelklasse ist seit letztem Herbst über zehn Zentimeter ge-«

»So lange kann ich aber nicht warten!«

»Wie wär's mit Abführpillen? Meine Tante Gundi hat auf dem Klo vor einer Weile mal volle zehn Pfund verloren – nur mit Scheißen! Hammer, oder?«

Ohne auch nur darüber nachdenken zu müssen, weißt du, dass das nichts für dich ist. Du bedankst dich bei Pia und beendest das Gespräch (→ **161**).

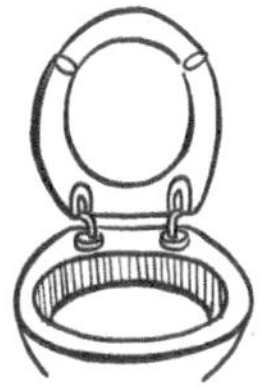

43

Am liebsten würdest du Mel anrufen, aber in Tibet gibt es kein Handy-Roaming. Außerdem hat sie dort die meiste Zeit kein Netz. Also schickst du ihr eine Textnachricht, wie du es während der letzten Monate regelmäßig gemacht hast. Zu welchem Thema möchtest du Mel schreiben?

- Du fragst, ob sie einen Tipp zur Lösung deines Schweißproblems hat (→ **142**).
- Du bittest sie um Rat, wie du deinen Style aufpeppen kannst (→ **26**).
- Du berichtest ihr von deinen Stimmungsschwankungen und erkundigst dich, ob sie ein Mittel dagegen weiß (→ **108**).

44 Wie du möchtest: AB SOFORT BIST DU KILIAN!
Bei Abschnitt **200** findest du deinen **Steckbrief**. Knick eine Ecke der betreffenden Seite um, damit du ihn jederzeit wiederfindest. Dort kannst du während der Geschichte Eintragungen vornehmen, zum Beispiel wenn du Kontaktdaten von Personen erhältst oder sich etwas an deiner BUCKETLIST ändert. Besorg dir dazu am besten einen Bleistift. Den brauchst du auch, um gleich eine Sache zu erledigen, bevor es losgeht: Du musst bestimmen, für wen du (Kilian) dich in Sachen Liebe am ehesten interessierst: Für Mädchen mach in der Rubrik CRUSH ein Kreuz in das Kästchen GIRL, für Jungs bei BOY. Hast du für Knutscherei und Händchenhalten eher nichts übrig, setz ein Kreuz bei NIX.

Wichtiger Hinweis: Die folgende Geschichte wird für Kilian an vielen Stellen anders verlaufen als für Ida oder Dodo. Solltest du beim Lesen zu einem Abschnitt kommen, vor bzw. hinter dessen Nummer dieses Symbol steht: ☐, bedeutet dies, *dass du diesen*

Abschnitt nicht lesen musst. **Addiere stattdessen 10 zu seiner Nummer** und lies beim entsprechenden Abschnitt weiter!

Jetzt aber zurück zu deiner Freistunde und dem guten Bekannten, der sich da gerade so aufgeregt nähert ... (→ **110**)

45

Du rufst Jannick Khong an und bittest um ein Treffen. Wie es der Zufall will, hat er gerade Zeit, und seine Räumlichkeiten liegen nur ein paar Fußminuten entfernt.

Der Fitness-Coach stellt sich als kleiner, drahtiger Mann mit einem sympathischen Gesicht heraus. Seine Einführungspreise sind so niedrig, dass du dir eine Einstiegsberatung von deinem Taschengeld leisten kannst. Du erklärst ihm, dass du dringend etwas für deinen Körper tun möchtest. Khong betrachtet dich von allen Seiten, dann nickt er.

»Wenn es darum geht, fitter zu werden, die eigene Kondition zu verbessern und ein bisschen Gewicht zu verlieren, gibt es verschiedene Möglichkeiten«, erklärt der Trainer. »Die besten Aussichten auf Erfolg, gerade in deinem Alter, wo der Körper sich verändert und man noch wächst, hast du mit Bewegung und gesunder Ernährung. Versuch, körperliche Aktivität in deinen Alltag einzubauen. Vielleicht kannst du mit dem Fahrrad zur Schule fahren?« Er lässt dich auf einem Radtrainingsgerät Platz nehmen und erklärt dir, welche Muskelgruppen beim Strampeln trainiert werden. »Such dir eine Betätigung, die Spaß macht, und treib zwei- oder dreimal die Woche Sport«, fährt er fort. »Und achte auf deine Ernährung. Schau dir an, was du isst und was drin ist. Ersetz hier und da mal einen Schokoriegel durch einen Apfel oder einen Energydrink durch Mineralwasser.« Er gibt dir ein kleines Handbuch, in dem die Nährwerte aller gängigen Lebensmittel aufgelistet sind. »Die ersten Ergebnisse wirst du schon nach ein oder zwei Wochen bemerken – und wenn sie nur darin bestehen, dass du dich in deinem Körper wohler fühlst.«

Eine halbe Stunde später bist du um einiges schlauer als zuvor, und du beschließt, so viele Punkte wie möglich in die Tat umzusetzen.

Auf dem Nachhauseweg überlegst du, wie du dich betätigen sollst. Eine entfernte Freundin, Emilia, spielt Fußball im örtlichen Verein. Das könntest du mal ausprobieren (→ **245**). Oder, falls dir nicht nach Teamsport ist, wäre es eine Möglichkeit, dich in einem nahe gelegenen Gym anzumelden und dort zwei-, dreimal die Woche schwitzen zu gehen (→ **331**).

46

Ohne große Hoffnung wählst du die Nummer der preisgekrönten Stylistin. Fast sofort meldet sich eine fordernde weibliche Stimme. »Manansala?«

Du druckst ein wenig herum, bringst irgendwie heraus, wer du bist und dass du dringend eine Styleberatung brauchst. Erin Manansala wirkt nicht interessiert. Erst als du Dr. Feast und dein bevorstehendes Treffen mit ihm erwähnst, wird sie hellhörig. »Tommy Covenant? *Der* blöde Arsch? Hat mich vor Jahren angefragt, als er noch ein pupsiger kleiner YouTuber war. Als er hörte, dass es *Geld* kostet, wenn ich Leute style, wollte er mich überreden, es umsonst zu machen – das sei doch die beste Werbung für mich, bla, bla, bla ... Vollidiot!« Sie überlegt kurz. »In einem von Covenants Streams visuell schlecht rüberzukommen, wäre fraglos unangenehm. Dieser Halbaffe bringt es fertig und macht vor Millionen Leuten Witze über dich.«

Dir wird abwechselnd heiß und kalt – an diese Möglichkeit hattest du noch gar nicht gedacht!

»Pass auf: Ich habe noch eine Stunde, bis mein Flieger nach L. A. geht. Übermorgen startet dort der Dreh einer neuen Staffel von *Way of Vogue*. Wenn du es vorher schaffst herzukommen, schaue ich mir deinen Look an und geb dir ein paar Tipps. Okay?«

In Rekordzeit flitzt du mit dem Rad zur angegebenen Adresse. Erin Manansala entpuppt sich als kleine, unauffällig aussehende Frau mittleren Alters. Sie mustert dich kritisch von oben bis unten und nickt. »Da kann – und *sollte* – man etwas tun«, erklärt sie lächelnd.

»Aber ich hab kein Geld für teure Markensachen«, stellst du klar.

»Die brauchst du nicht«, erwidert sie. »Guter Style erwächst zu einer Hälfte aus Dingen, die man vermeidet, zur anderen Hälfte aus der eigenen Haltung.« Als sie dein verwirrtes Gesicht sieht, erläutert sie, was sie meint: »Manche Dinge in der Welt der Mode sind unausgesprochene No-Gos. Wenn du sie umgehst, hast du schon halb gewonnen.« Sie zählt einige auf: Lieblingsstücke kombinieren, weil man jedes davon *einzeln* total mag – die aber aus grundverschiedenen Trends, Stilen oder Modeperioden stammen und kein Gesamtbild ergeben; Farben, die man nicht kombinieren sollte (»Bei Braun und Grau graust's der Sau!«, »Blau mit Grün ist nicht schün!«) und so weiter.

»Der zweite wichtige Punkt ist deine Haltung«, fährt Erin fort. »Ist dir aufgefallen, wie selbstsicher alle Darsteller in *Way of Vogue* sprechen und agieren? Das ist der Grund, weshalb ihnen Kleidung und Frisuren gleich noch mal so gut stehen – weil sie sie mit Haltung tragen! Charisma ist die halbe Miete, auch in der Mode.« Sie deutet auf deine Jeans, in die du neulich ziemlich halbherzig ein paar Löcher geschnippelt hast. »Man merkt dir an, dass du mit deiner Hose unzufrieden bist«, sagt Erin. »Das sorgt dafür, dass das Kleidungsstück an dir weniger wirkt, als es könnte. Trag es, als wäre es das edelste Designerteil! Dann sieht es gleich doppelt so gut aus.«

Zum Abschied gibt dir Erin noch ein paar Tipps, welche Farbtöne am besten zu deinem Hautton passen, bei Kleidung wie bei Kosmetik, und rät dir, maximal ein Stylingprodukt für dein Haar zu verwenden. Dann muss sie los. Du bedankst dich und fährst mit schwirrendem Kopf zurück nach Hause (→ **225**).

47

Als sich sein Mund deinem Gesicht nähert, schlägt dir ein widerwärtiger Gestank entgegen. Captain Goose hat den Mund voller verfaulter Zähne! Da pressen sich seine Lippen auch schon auf deine Wange – *Schmatz! Schlabber!* Übelkeit überkommt dich. Noch bevor du zur Reling rennen und dich drüberbeugen kannst, kotzt du dem Captain dein Frühstück vor die Füße. Die Piraten ringsum röhren vor Lachen, während du dir peinlich berührt die Lippen abwischst. *Mach im vorderen Buchdeckel einen Strich bei **CRINGE**!* Hast du soeben dein eigenes Ende besiegelt? Wird Goose auch dich »über die Planke jagen« – was auch immer das bedeutet?

Doch der Piratenkapitän lacht ebenfalls aus voller Kehle. »*ARRRH!* Du verstehst es, dich vorzustellen! Das gefällt mir. Komm mit in meine Kajüte und erzähl mir von dir und deiner Heimat. Maat!« Er winkt einem der Männer im Hintergrund. »Vier Buddeln Rum auf meine Kajüte, aber im Schweinsgalopp!«

Willigst du ein, mit dem Kapitän in seine Kajüte zu gehen (→ **117**)? Oder sagst du, er solle ruhig schon vorgehen, um blitzschnell in die Zeitmaschine zu hechten und den Return-Buzzer zu betätigen (→ **264**)?

48

Du läufst zu Siegfried Unholdt und erklärst, dass Mads dich gefoult hat. Der maßregelt den Grobian und behält ihn für den Rest des Spiels im Auge. Das verhindert zwar, dass Mads dich erneut foult, Sympathiepunkte bringt es dir allerdings nirgends ein, nicht einmal bei deinen eigenen Mannschaftskollegen. Niemand mag Petzen! *Mach im vorderen Buchdeckel einen Strich bei* ***CRINGE!*** Am Ende kann dein Team den Sieg knapp für sich beanspruchen, was Mads, der dich ohnehin schon auf dem Kieker hat, nur noch wütender macht. Nach dem Ende der Stunde ziehst du dich rasch um und läufst hinaus in den Hof. Doch das rettet dich leider nicht vor der unaufschiebbaren Konfrontation …

»*Hey, Loser!*«, ertönt prompt eine raue Stimme dicht neben deinem Ohr (→ **202**).

49

Mit gespitzten Lippen beugst du dich vor …

Karma-Time! Tippe mit geschlossenen Augen auf die Symboltafel im hinteren Buchdeckel. Das Zeichen, das du erwischst, bestimmt, wo es weitergeht:

☯ oder ☀ → **252**

ॐ oder ⛤ oder 🪷 → **103**

50

Als du in den hinteren Werkstattraum kommst, hat die Zeitmaschine verdächtig zu flimmern begonnen. Offenbar bleibt ein Abbild des Apparats nur für eine gewisse Dauer in der fremden Zeit erhalten, bevor die Verbindung zusammenbricht. In letzter Sekunde hechtest du auf den Sitz – und musst grinsen: Wenn Enoch Grimm *diesen* Mathetest korrigiert, wirst du daheim in deiner Zeit keine schwache Fünf mehr haben, sondern eine glatte Eins! *Mach im vorderen Buchdeckel einen Strich bei* ***FAME!*** Äußerst zufrieden betätigst du den mit RETURN beschrifteten Buzzer (→ **264**).

51 ☐ ○

Am Nachmittag ziehst du dich in dein Zimmer zurück und verdrängst jeden Gedanken an Netflix erfolgreich mit TikTok und etwas Zocken …

Karma-Time! Tippe mit geschlossenen Augen auf die Symboltafel im hinteren Buchdeckel! Das Zeichen, das du erwischst, bestimmt, wo es weitergeht:

☯ → **224**

🪷 → **9**

⛤ → **210**

ॐ oder ☼ → **181**

(Solltest du beim betreffenden Abschnitt feststellen, dass du diesen bereits kennst, kehre ausnahmsweise hierher zurück und tippe auf ein neues Symbol.)

52 Statt eines Freizeichens ertönt sofort eine Mailbox-Ansage: *»Sie haben die Nummer von Erin Manansala gewählt. Ich befinde mich momentan in den USA, wo ich eine neue Staffel von* Way of Vogue *drehe. Diese Nummer ist für die Dauer meines Auslandsaufenthalts stillgelegt. In dringenden Fällen nutzen Sie bitte meine internationale Mobilnummer oder wenden Sie sich an meine Agentur. Danke.«*

Mist (→ **161**)!

☐ **53** Kraftlos lässt du dich zurück aufs Bett sinken. Wozu überhaupt aufstehen? Es macht sowieso keinen Unterschied. Niemand versteht dich, niemand unterstützt dich. Und beim Livestream mit dem elenden Dr. Feast wirst du ohnehin die Lachnummer der ganzen Welt werden!

Du kriechst zurück unter die Bettdecke und willst gefälligst nie wieder etwas anderes tun als Musik hören und in Ruhe gelassen werden.

Natürlich klappt das nicht. Deine Mutter erscheint und erkundigt sich, weshalb du noch nicht auf bist. Du versuchst, ihr weiszumachen, du seist krank und könntest nicht zur Schule gehen. Aber sie wäre nicht deine Mom, wenn sie darauf hereinfiele. Schließlich gestehst du ihr, dass es dir beschissen geht. Prompt öffnen sich die Schleusen, und Fluten von Tränen rollen ungehindert deine Wangen hinab.

Deine Mom setzt sich zu dir und hört sich alles in Ruhe an. Dann nickt sie. Sie habe sich in deinem Alter auch oft so gefühlt, erklärt sie dir. »Ich habe damals festgestellt, dass frische Luft und Bewegung mir helfen, meinen Kopf wieder freizukriegen.« Sie wirft einen Blick auf die Uhr. »Bis Schulbeginn ist noch genügend Zeit, und draußen scheint die Sonne ... Wieso gehst du nicht rasch eine Runde laufen? Ich mache dir in der Zwischenzeit ein herzhaftes Frühstück. Danach sieht bestimmt alles schon ganz anders aus.«

Tust du, was deine Mutter vorschlägt, und gehst eine Runde joggen (→ **309**)? Oder verzichtest du auf kluge Ratschläge und sagst deiner Mom, sie soll dich allein lassen (→ **172**)?

54

»Meine Stimme klingt wie die einer Krähe in der Wüste beim Verdursten«, erläuterst du.

»Unsinn, Junge. Du hast eine *wunderschöne* Stimme! In letzter Zeit ist sie nur ein bisschen anders als früher. Im einen Moment klingst du wie der süße kleine Kili von früher, im nächsten wie ein Oberschurke aus einem Bond-Film, der die Weltherrschaft anstrebt.« Sie kichert, als sei das eine prima Sache.

Dabei ist genau *das* dein Problem! Seufzend beendest du das Gespräch (→ **171**).

55

Der Tag deiner Präsentation ist gekommen! Wie geplant beklagst du dich frühmorgens bei deiner Mutter über starke Kopfschmerzen, Übelkeit und Hitzewallungen. »Bestimmt Grippe«, erklärst du. »Ich kann heute unmöglich zur Schule!«

»Echt?« Besorgt zückt deine Mom das Fieberthermometer.

Karma-Time! Tippe mit geschlossenen Augen auf die Symboltafel im hinteren Buchdeckel. Das Zeichen, das du erwischst, bestimmt, wo es weitergeht:

⛤ oder ☀ oder ☯ → **176**

ॐ oder 🪷 → **223**

□ **56** Ein paar Tage später hast du fast alle von Frau Schlumbergers Tipps umgesetzt. Du hast dir PH-neutrales Duschgel und Shampoo besorgt, deine Achseln rasiert und ein Antitranspirant gefunden, das weder juckt noch weiße Flecken auf der Kleidung hinterlässt. Oberteile mit Synthetik hast du ausgemustert, und ab und zu lässt du sogar würzige Speisen wie Döner oder scharfe Asianudeln ausfallen.

Das Resultat ist erfreulich: Zwar schwitzt du noch – vor allem, wenn du dich anstrengst –, aber der entstehende Geruch ist deutlich weniger geworden. Wenn du frisch geduscht und mit einem neuen, ungetragenen Baumwollhemd bei Dr. Feast aufläufst, sollte niemand die Nase rümpfen. *Streich das Wort IPSNART in der BUCKETLIST deines **Steckbriefs** durch!*, anschließend → **128**.

57 Drei Tage später kommt Fabian, ein Mitglied des Fanklubs, mit einer bahnbrechenden Neuigkeit zum Treffen. Über seine Mutter, die einen Großhandel für Kosmetikprodukte betreibt, bei dem Erin Manansala einkauft, hat er deren Telefonnummer ergattern können: 897 55 39. *Notiere die Nummer in der KONTAKTLISTE deines **Steckbriefs**!* Sie könnte sich noch als nützlich erweisen ... (→ **51**)

58

Stockend stellst du dich vor. Warum fallen dir in solchen Situationen bloß nie die passenden Worte ein? Du hast noch keine zwei Sätze herausgebracht, da taucht plötzlich Aldo neben euch auf, der geschniegelte Schönling und Aufreißer aus der Parallelklasse. Selbstbewusst haut er einen Spruch raus, über den Sophie prompt lachen muss. Dann empfiehlt er ihr mit geschwellter Brust sein patentiertes »Schulneuling-Einführungsprogramm«, dessen erste Lektion darin bestehe, dass er Sophie am Nachmittag zum Eisessen einladen müsse. Sophie ist von seiner souveränen Art total eingenommen. Schon marschieren die beiden angeregt plaudernd über den Schulhof davon, während du zurückbleibst wie bestellt und nicht abgeholt. Und natürlich haben ein paar Leute aus deiner Klasse alles mitbekommen! Das wird dir jetzt tagelang nachhängen ... *Mach im vorderen Buchdeckel einen Strich bei* ***CRINGE****!*

Zwei Tage später beobachtest du Sophie und Aldo in der Stadt beim Knutschen. Er hat es also wieder mal geschafft! Du schleichst zurück nach Hause und versuchst, das Mädchen zu vergessen und dich auf die aktuell wichtigen Dinge in deinem Leben zu konzentrieren (→ **161**).

59

Aldos angeekelter Blick, mit dem er Lisa auf deinen Kommentar hin anstarrt, ist pures Gold! Sie versucht noch, etwas zu retten, aber während sie vor sich hin stammelt, verabschiedet sich Aldo zu einer »dringenden Verabredung«. Du kannst nicht anders, du musst kichern! *Mach im vorderen Buchdeckel einen Strich bei **FAME**!* Da geht Lisa plötzlich mit ihren spitzen Fingernägeln auf dich los wie eine Furie! Glücklicherweise kommt in diesem Augenblick Kunstlehrerin Britta Wickers über den Hof. »Keine Dramakriege während meiner Aufsicht!«, stellt sie klar. Dampfend zieht Lisa ab. Du machst dich gut gelaunt auf zur nächsten Schulstunde (→ **299**).

60 Dodo heißt eigentlich nicht Dodo, aber Dodos alter Name beginnt auch mit einem D. Dodo hat ihn abgelegt, um der Geschlechterrolle zu entkommen, die einem ein fremdbestimmter Name aufdrückt. Wie, oder besser: als wer man sein Leben leben möchte, sollte man selbst entscheiden dürfen, findet Dodo. (Außer dem Klang des Namens mag Dodo natürlich auch den echten Dodo, einen ziemlich schrägen, vor Jahrhunderten ausgestorbenen Vogel.)

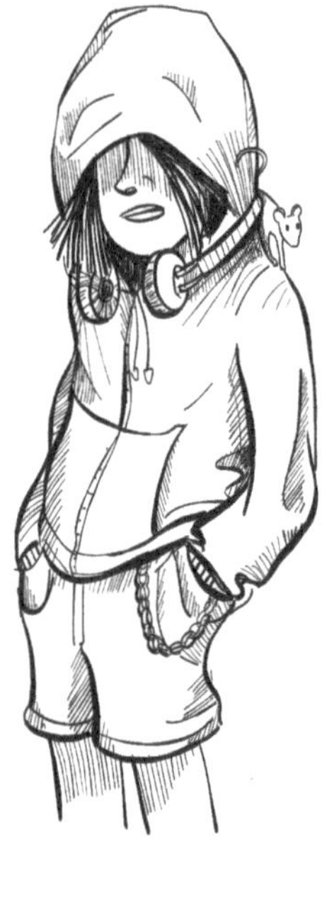

Dodo ist ein Jahr jünger als du und die meiste Zeit mit der eigenen Gesellschaft und der einer zahmen Hausratte namens Vlad ganz zufrieden. Mel, Dodos ältere Schwester, verbringt gerade ein Jahr in Tibet, aber die beiden texten sich regelmäßig. Die Schule nervt Dodo – ausgenommen Kunst und Musik –, ebenso die meisten Leute dort, Schüler wie Lehrer.

Kehre zurück zu → **1***, um dir deine anderen Optionen anzuschauen oder eine davon auszuwählen!*

61

Genug mit Netflix! Du hast andere Probleme! Am Nachmittag ziehst du dich in dein Zimmer zurück, um sie anzugehen (→ **171**).

62

Das saß – und du musstest nicht mal detailliert erklären, *was für* Eierwärmer die Pokladniks vertreiben! Dein Dad stammelt, er müsse über die Taschengelderhöhung erst mit deiner Mom reden. Aber für die heute erbrachte Arbeitsleistung drückt er dir trotzdem schon mal einen Zwanni in die Hand. Sauber! *Mach im vorderen Buchdeckel einen Strich bei* ***FAME****!* Zufrieden ziehst du dich in dein Zimmer zurück (→ **144**).

63

Als du am nächsten Morgen wach wirst, hast du die unbestimmte Ahnung, eine große, unangenehme Sache türme sich drohend vor dir am Horizont auf ... Aber du kannst nicht den Finger darauf legen, was es sein könnte, und nach ein paar Augenblicken hat sich das Gefühl dann auch schon wieder verflüchtigt.

Während du am Frühstückstisch Cornflakes in dich reinschaufelst, hörst du mit halbem Ohr den Nachrichten im Radio zu: Die Strompreise steigen weiter, eine Krankheitswelle geht in Teilen von Asien um, der Klimawandel schreitet mit Riesenschritten voran. Das Übliche.

In der Schule fehlen heute eine gute Handvoll Schüler aus deiner Klasse. Du machst dir keine Gedanken darüber. Kurz vor Schulschluss lädt dich ein Junge aus der Parallelklasse auf seine Geburtstagsparty ein, die am Abend im Haus seiner Eltern stattfindet. Du kennst ihn kaum, aber ein paar deiner Freunde wollen hingehen.

Abends überlegst du, ob du dich tatsächlich vom Sofa hochquälen und zu dieser Party gehen sollst (→ **156**). Oder pfeifst du auf die Einladung und zockst lieber in Ruhe ein bisschen (→ **307**)?

64

Autsch! AU! *AUUUUU!!!*

Eine halbe Stunde später hast du dich an jedem einzelnen Pickel ausgetobt. Das Ergebnis ist eher unerfreulich: Dein Gesicht sieht jetzt aus wie die rosarote Version eines Minenfelds in einem Kriegsgebiet: Löcher und Krater, wohin man schaut. Hoffentlich sieht dich keiner, bevor das wieder abgeheilt ist! *Mach im vorderen Buchdeckel einen Strich bei* ***CRINGE!*** Missmutig verziehst du dich in dein Zimmer, um dich etwas abzulenken (→ **41**).

65

Mit vereinten Kräften prügelt ihr auf die Maschine ein, ohne allerdings viel Schaden anzurichten. »So hat das keinen Sinn«, keucht Moepsel. »Wir müssen den Selbstzerstörungsmechanismus aktivieren!« Du verstehst nur Bahnhof.

Der Hausmeister greift ins Innere des Apparats, dreht an einem Rädchen und legt einen Hebel um. Eine metallische Roboterstimme beginnt, von zehn rückwärtszuzählen. »RAUS!«, brüllt Moepsel.

Ihr flieht aus der Werkstatt und rennt die Treppen hinauf, als wäre der Leibhaftige hinter euch her. Als ihr das Erdgeschoss erreicht, erschüttert eine unvorstellbare Explosion das Gebäude. Flammen züngeln aus dem Untergeschoss empor. »Verschwinde«, zischt Moepsel. »Ich kümmere mich um die Sache!« Das lässt du dir nicht zweimal sagen. So schnell du kannst, eilst du ins Freie und nach Hause.

Als du am folgenden Morgen zur Schule kommst, findest du die Tore verschlossen. Einsatzfahrzeuge von Feuerwehr und THW parken vor dem Gebäude. Unauffällig fragst du dich durch die Traube von Schülern und Lehrern, die sich vor dem Eingang stauen. Alles, was man momentan weiß, ist, dass tags zuvor irgendein Apparat, den Hausmeister Moepsel zusammen mit Physiklehrer Dr. Stanzmeyer konstruiert haben muss, einen Brand im Kellergeschoss ausgelöst hat. Das Feuer ist mittlerweile gelöscht, die Maschine abgebaut. Nur von Dr. Stanzmeyer fehlt aktuell jede Spur.

Unsicher, was du von der Sache halten sollst, kehrst du nach Hause zurück, um den geschenkten freien Tag sinnvoll zu nutzen (→ **161**).

66 Ein paar Tage später hast du alle von Frau Schlumbergers Tipps umgesetzt. Du hast dir PH-neutrales Duschgel und Shampoo besorgt, deine Achseln rasiert und ein Antitranspirant gefunden, das weder juckt noch weiße Flecken auf der Kleidung hinterlässt. Oberteile mit Synthetik hast du ausgemustert, und ab und zu lässt du sogar würzige Speisen wie Döner oder scharfe Asianudeln ausfallen.

Das Resultat ist erfreulich: Zwar schwitzt du noch – vor allem, wenn du dich anstrengst –, aber der entstehende Geruch ist deutlich weniger geworden. Wenn du frisch geduscht und mit einem brandneuen, nie getragenen Baumwollhemd bei Dr. Feast aufläufst, sollte niemand die Nase rümpfen. *Streich das Wort IPSNART auf der BUCKETLIST deines* ***Steckbriefs*** *durch!*, anschließend → **230**.

67 Zögernd und etwas stockend stellst du dich vor. Leon mustert dich halb interessiert, halb belustigt. Als du stammelnd zum Ende kommst und er gerade zu einer Erwiderung ansetzen will, taucht plötzlich Malik Szabi neben ihm auf, einer der Übersportler aus deiner Klasse. »Bock, ein paar Bälle zu treten, Neuer?«, mischt er sich frech in euer noch gar nicht richtig gestartetes Gespräch ein. Spontan stimmt Leon zu – und weg sind die beiden!

Du hoffst, dass niemand deinen ärmlichen Anmachversuch mitbekommen hat … aber natürlich standen ein paar Mädchen aus deiner Klasse in der Schlange direkt hinter euch, die sich jetzt kichernd darüber austauschen. *Mach im vorderen Buchdeckel einen Strich bei **CRINGE**!*

Einen Tag später siehst du Leon und Malik in der Pause erneut zusammen abhängen, einen Abend darauf beobachtest du, wie sie gemeinsam ins Kino gehen. Sie scheinen sich sehr gut zu verstehen ... und wie sie sich *anschauen!* Wie es aussieht, bist du aus dem Rennen. Enttäuscht kehrst du nach Hause zurück (→ **161**).

68

Am Nachmittag mähst du den dämlichen Rasen. Die Sonne brennt, der Rasenmäher ist schwer und unhandlich, du schwitzt wie ein Spanferkel am Spieß. Als du nach rund zwei Stunden endlich fertig bist, wirkt dein Vater zwar zufrieden, aber längst nicht so euphorisch, wie du es dir gewünscht hättest. Falls er deine Screentime eingeschränkt hat, könntest du ihn jetzt trotzdem bitten, das Verbot wieder aufzuheben (→ **199**). Ist das nicht der Fall, oder du möchtest die geleistete Arbeit zum Anlass nehmen, um ihn auf die längst überfällige Erhöhung deines Taschengelds anzusprechen → **206**. Alternativ könntest du dich jetzt auch zurückziehen und zur Entspannung eine Runde zocken (→ **144**).

69

Imik Pandar erkennt dich wieder und bittet dich herein. »Schön, dich zu sehen«, begrüßt er dich. »Geht es dir besser?«

Du nickst, schüttelst den Kopf, stammelst ein bisschen herum. Schließlich sprudelt alles aus dir heraus: Du berichtest dem Meditationslehrer, dass du dich oft unverstanden und traurig fühlst, im nächsten Augenblick übertrieben euphorisch, dann wieder tagelang völlig motivationslos oder auch wütend auf alles und jeden bist.

Pandar nickt. »Solche Stimmungsschwankungen sind in deinem Alter völlig normal. Leider gibt es nicht viel, was man dagegen tun kann. Medikamente, wie man sie Menschen mit Depressionen verschreibt, würden in deinem Alter nur in besonders schweren Fällen zum Einsatz kommen und nicht bei pubertär bedingten Stimmungsschwankungen. Aber Kopf hoch: Wie jede Phase wird auch diese vorübergehen.« Er lächelt.

»Und man kann echt *nichts* dagegen machen?«, wimmerst du.

Sein Lächeln wird breiter. »Nun, ein paar kleine Tricks gibt es schon. Das oberste Ziel ist zu lernen, nicht alle Unannehmlichkeiten gleich als GRÖSSTE KATASTROPHE ALLER ZEITEN zu bewerten ... wenn du verstehst, was ich meine?« Als du wenig überzeugt nickst, lädt er dich ein, doch mal an einem seiner Kurse teilzunehmen.

Am folgenden Nachmittag besuchst du seine Meditationsgruppe. Zunächst kommt dir alles ziemlich merkwürdig vor: Die Teilnehmer, überwiegend Leute im Alter deiner Eltern oder darüber, sitzen im Lotossitz auf Kissen am Boden. Die Atmosphäre ist ruhig und entspannt, es wird kaum geredet. Pandar zeigt euch Atem- und Entspannungsübungen, die helfen sollen, den Kopf von belastenden Gedanken und Problemen zu befreien. Am Ende der Sitzung weißt du immer noch nicht recht, was du von dem Ganzen halten sollst, aber du fühlst dich auffallend relaxed.

Schon nach zwei weiteren Besuchen gelingt es dir, durch Konzentration auf deinen Atem innerhalb von Minuten völlig zur Ruhe zu kommen, egal, wie katastrophal du dich davor gefühlt hast. Pandar rät dir, zusätzlich ein Tagebuch zu führen, um Entwicklungen deiner Gefühlswelt besser beobachten zu können. Er bringt dir bei, am Abend beim Zubettgehen gedanklich fünf schöne Momente des zurückliegenden Tages zusammenzutragen – eine Übung, die dir echt hilft, herunterzufahren und zur Ruhe zu kommen.

Eine Woche später spürst du, dass sich tatsächlich etwas verändert. Zwar gibt es immer noch Tage, an denen du den Eindruck hast, die Ereignisse würden dich einfach überrollen oder als wärst du ganz allein auf der Welt und hättest keinen Platz und keine Bedeutung. Aber mithilfe von Pandars Übungen gelingt es dir immer öfter, diese Situationen neutral zu betrachten und dir selbst wieder aus ihnen herauszuhelfen (→ **134**).

70 Maßlos erleichtert verrammelst du dich in deinem Zimmer, um nachzuholen, was dir an Textnachrichten, Insta-Fotos, Videos, Memes und Games in den letzten Tagen entgangen ist (→ **161**).

71 Tamara sieht dich überrascht an, dann zuckt sie mit den Schultern. »Von mir aus. Kann ich machen.«

Zufrieden trägt Klinscher ihren Namen in sein Notizbuch ein. Dann setzt er seinen Unterricht fort.

Froh, dass du so glimpflich aus der Sache rausgekommen bist, gehst du wenig später in die Pause (→ **187**).

72 Du eilst die Treppe hinauf ins Erdgeschoss. Dort stößt du aus vollem Lauf mit Siegfried Unholdt zusammen, deinem Sportlehrer. Außer Atem berichtest du ihm von den Vorgängen im Keller. Der Miene in seinem Bulldoggengesicht ist schwer zu entnehmen, ob er dir auch nur ein einziges Wort glaubt. Aber dann erklärt er dir, dass er sich um die Sache kümmern werde, und schickt dich nach Hause. Dankbar, alle Verantwortung los zu sein, gehorchst du.

Als du am folgenden Morgen zur Schule kommst, erwartet dich eine Überraschung: Die Tore sind verschlossen, Einsatzfahrzeuge von Feuerwehr und THW stehen vor dem Gebäude. Verwirrt fragst du dich durch die dichte Traube von Schülern und Lehrern, die sich vor dem Eingang stauen. Alles, was man momentan weiß, ist, dass Hausmeister Moepsel offenbar zusammen mit Physiklehrer Dr. Stanzmeyer im Schulkeller irgendeinen Apparat konstruiert hat … einen *gefährlichen* Apparat, der tags zuvor für einen Brand im Kellergeschoss gesorgt hat. Das Feuer ist mittlerweile gelöscht, die Maschine abgebaut. Nur von Dr. Stanzmeyer fehlt aktuell jede Spur.

Tags darauf wird der Schulbetrieb wieder aufgenommen. Nach Schulschluss bittet dich euer Schulleiter, Rektor »Rektum« Niezentotz, in sein Büro und spricht dir ein Lob aus. Durch deine frühzeitige Warnung habe eine drohende Katastrophe in der Hausmeisterwerkstatt rechtzeitig erkannt und größerer Schaden vermieden werden können. Man sei dir zu großem Dank verpflichtet … *bla, bla, bla.* Nach einer gefühlten Ewigkeit darfst du endlich wieder gehen.

Karma-Time! Tippe mit geschlossenen Augen auf die Symboltafel im hinteren Buchdeckel. Das Zeichen, das du erwischst, bestimmt, wo es weitergeht:

ॐ oder ☀ oder ☯ oder 🪷 **→ 4**

⛤ **→ 88**

73

Enoch Grimm ist ein weißhaariger alter Furz. Wahrscheinlich ist er in Wahrheit nur halb so alt, wie er aussieht, aber seine dünnen, spinnwebenartigen Haare und die Furchen in seinem kantigen Pferdegesicht lassen ihn wie die männliche Version einer Märchenhexe wirken. Als du ihn auf den Ausfall des Internets ansprichst, erlebst du ihn zum ersten Mal richtiggehend fröhlich: »Ist das nicht *herrlich?*«, freut er sich. »Endlich ist alles wieder wie früher! Keine nervigen Textnachrichten mehr, keine unangekündigten Videocalls. Man muss wieder echte

Briefe auf Papier schreiben ... Die ganze Hektik der vergangenen Jahrzehnte wird entschleunigt.«

Du siehst ihn verdattert an. Weshalb leitet er eine Informatik-AG, wenn er dem digitalen Fortschritt so ablehnend gegenübersteht? Da verstehe einer die Erwachsenen!

Grimm vertraut dir an, dass er seinen persönlichen »Entschleunigungsprozess« unterstützen will, indem er wieder mehr Schach spielt – ohne Computer, sondern mit Brett und Figuren. Dafür braucht er allerdings menschliche Gegner. Ob du ihn nicht am Nachmittag auf eine Partie besuchen kommen magst?

Willigst du ein, mit Enoch Grimm Schach zu spielen (→ **95**)? Oder behauptest du, du hättest schon was anderes vor (→ **129**)?

74

BLITZ – ein grelles Licht blendet dich. Als du wieder etwas erkennen kannst und aus der Maschine trittst, staunst du nicht schlecht: Die Hausmeisterwerkstatt, ja das ganze Schulgebäude um dich herum ist verschwunden! Du stehst unter freiem Himmel in einer Stadt, die deiner Heimatstadt ähnelt, aber tausendmal moderner wirkt: Autos zischen ohne Fahrer auf Gleitkissen über die Straßen, Drohnen befördern Güter und Personen durch den Luftraum. Alles wirkt blitzsauber, die Luft riecht frisch und rein.

Das muss die Zukunft sein!, schießt es dir durch den Kopf. Fasziniert schlenderst du die Straße hinunter. Vor einem Laden mit dem Schild BODY TRANSFORMATION bleibst du stehen. Offenbar ist es in der Zukunft möglich, mit speziellen Strahlen das äußere Erscheinungsbild eines Menschen zu verändern – vollständig und ohne Nebenwirkungen. Kurz überlegst du, ob du dir vielleicht ein Paar Flügel verpassen lassen solltest, wie auf einem Werbeplakat zu sehen, oder nachtsichtige Augen, wie Katzen sie haben. Am Ende ist dir das dann aber zu krass. Sollte allerdings in der BUCKETLIST deines **Steckbriefs** das Wort TIF stehen und noch nicht durchgestrichen sein, kannst du dir mit der nach wie vor funktionierenden Bezahl-App deines Handys zum Preis von umgerechnet 5 Cent eine wenige Minuten dauernde Bestrahlung gönnen, nach der du vier Kilo leichter bist als vorher und die Kondition eines Olympiasportlers hast – man gönnt sich ja sonst nichts. *Streich das Wort TIF durch!* Als du die Straße entlang zurück zur Zeitmaschine schaust, siehst du, dass sie merkwürdig zu flimmern beginnt. Schnell eilst du zurück, nimmst auf dem Sitz Platz und schlägst auf den Return-Buzzer (→ **264**).

75

Der Handtaschendieb dreht aus vollem Lauf ab, um dem hünenhaften Kerl auszuweichen, von dem er wohl annimmt, er habe gerufen. Dabei rutscht Sophies Tasche unter seinem Arm hervor und fällt zu Boden. Geistesgegenwärtig bist du zur Stelle und hebst sie auf. Der Gauner ist über alle Berge, aber dir ist das egal. Wichtig ist, dass du Sophie ihre Tasche zurückgeben kannst.

Sie ist schwer beeindruckt und lädt dich zum Dank zu einem Milchshake ein. Der Nachmittag vergeht wie im Flug, und als ihr euch abends voneinander trennt, verabredet ihr euch für den folgenden Tag zum Joggen. Einen weiteren Tag später macht ihr gemeinsam Hausaufgaben, danach geht ihr bummeln – und jedes Mal führt ihr dabei gute Gespräche. Wenn ihr nicht zusammen seid, merkst du, dass deine Gedanken immer öfter um Sophie kreisen und du dir wünschst, in ihrer Nähe zu sein.

Eines Abends, ihr habt gerade in deinem Lieblingsbistro einen Imbiss gegessen, geht ihr im Mondschein Hand in Hand an der Uferpromenade des städtischen Flusses spazieren. Eine Szene wie aus einem romantischen Film ... Wenn es je einen passenden Zeitpunkt gab, ihr deine Liebe zu gestehen, dann jetzt! Kurz entschlossen ergreifst du ihre Hand. Als sie stehen bleibt und dich mit großen Augen ansieht, beugst du dich mit gespitzten Lippen vor, um sie zu küssen ...

Karma-Time! Tippe mit geschlossenen Augen auf die Symboltafel im hinteren Buchdeckel. Das Zeichen, das du erwischst, bestimmt, wo es weitergeht:

☯ oder ☀ → **252**

ॐ oder ⛤ oder 🪷 → **103**

76

Am Nachmittag philosophierst du darüber, weshalb sich Schule eigentlich oft anfühlt, als müsste man in den Krieg ziehen. Ob das Absicht ist, um einen auf die Härten des sogenannten »wahren Lebens« vorzubereiten? Oder sind vielleicht doch bloß die Lehrer der Kern des Problems (→ **131**)?

77

Am Abend hast du dich mit Bekannten in der Stadt verabredet. Ihr sitzt gerade vor eurem Lieblingsbistro und schlürft einen Drink, da kommt eine Gruppe von vier Jungs an eurem Tisch vorbei. Einer davon ist Leon. Die vier scheinen Buddys zu sein und sind bester Laune. Als du siehst, dass sie in einem Bowlingcenter an der nächsten Ecke verschwinden, schlägst du deiner Begleitung vor, eine Runde bowlen zu gehen.

Von einer benachbarten Bahn aus beobachtest du Leon und seine Kumpel unauffällig. Sie spielen mit viel sportlichem Ehrgeiz und vollem Körpereinsatz. Leon trinkt zwischendurch Wasser und Saftschorle, obwohl ihn seine Buddys ständig auffordern, wie sie Energydrinks zu bestellen. Leon verteidigt sich und erklärt, dass er kein Koffein verträgt. Seine Kumpel ziehen ihn damit auf. Schließlich schlägt einer vor, wenigstens einen alkoholfreien Cocktail zusammen zu trinken.

Die Cocktails kommen, Leon trinkt davon, dann verschwindet er kurz aufs Klo. Während er weg ist, gießt einer seiner angeblichen Freunde sein Getränk grinsend mit einer halben Dose superstarkem Energydrink auf. Augenblicke später kommt Leon zurück und greift zum Glas … Willst du ihn warnen, dass sein Drink präpariert ist (→ **158**)? Oder bist du der Ansicht, dass dich das nichts angeht (→ **227**)?

78 Du rufst bei der Regionalzeitung an. Nach einigem Hin und Her hast du den Redakteur an der Strippe, der den Artikel über Erin Manansala verfasst hat. Ja, die Stylistin wohne hier im Ort, bestätigt er. Als du ihn bittest, dir die Adresse zu verraten, erklärt er, dass das leider aus Datenschutzgründen nicht möglich sei. Klar – wärst *du* international bekannt, würdest du auch kaum wollen, dass jeder dahergelaufene Teenager deine Adresse rausfinden und unangemeldet in deinem Garten auftauchen könnte. Zerknirscht erwiderst du, dass du dafür Verständnis hast. Der Journalist scheint deine Enttäuschung zu spüren. Er überlegt kurz, dann erinnert er sich, dass die Telefonnummer, mit der er seinerzeit den Termin für das Feature mit Erin ausgemacht habe, ganz offiziell von ihrer Agentur gekommen sei – die sei also theoretisch nicht geheim ... Nachdem du ein wenig gebohrt und gebettelt hast, verrät er sie dir: 897 55 39. *Notiere Erin Manansalas Nummer in der* KONTAKTLISTE *deines* ***Steckbriefs****!* Zufrieden legst du auf (→ **51**).

79 Wirf einen Blick auf die BUCKETLIST deines **Steckbriefs** (Abschnitt **200**): Steht ein Wort in der dritten Zeile, egal, ob durchgestrichen oder nicht (→ **230**)? Ist Zeile 3 leer, aber in der zweiten Zeile steht ein Wort, durchgestrichen oder nicht (→ **277**)? Oder ist Zeile 1 die einzige mit einem Wort darin (→ **93**)?

80

Maßlos erleichtert, dass du wieder texten, chatten und surfen kannst, begibst du dich am Abend ins Bett. Was du jetzt brauchst, sind ein paar Tage Ruhe, um all das nachzuholen, was dir an Textnachrichten, Insta-Fotos, Videos, Memes und Games in den letzten Tagen entgangen ist. Außerdem musst du endlich in die Gänge kommen und dich für diese Dr.-Feast-Sache in Form bringen ...

Karma-Time! Tippe mit geschlossenen Augen auf die Symboltafel im hinteren Buchdeckel! Das Zeichen, das du erwischst, bestimmt, wo es weitergeht:

 **→ 125**

 **→ 53**

 **→ 224**

 **→ 181**

 **→ 22**

(Solltest du beim betreffenden Abschnitt feststellen, dass du diesen bereits kennst, kehre ausnahmsweise hierher zurück und tippe auf ein neues Symbol.)

81

Als du am folgenden Tag die Augen aufschlägst, brauchst du ein paar Sekunden, bis dir dämmert, weshalb dies ein besonderer Tag ist: Es ist dein Geburtstag! Du springst aus dem Bett und unter die Dusche, dann stürzt du dich auf die Geschenke, die bereits in der Küche warten. Voller Vorfreude reißt du ein Paket nach dem anderen auf ... Doch was ist das? Socken? Ein Viererpack Ringordner? Fake-Tattoos zum Aufkleben? Ein Gutschein für den einzigen Buchladen der Stadt, der weder E-Books noch Spiele führt? Und ein ganzes Tablett von Moms berühmten, nach nichts schmeckenden Cupcakes?

Das ist alles?

Wo zum Teufel ist der neue Laptop, mit dem du fest gerechnet hattest? Dein alter ist mittlerweile so fertig, dass du regelmäßig bibbern musst, ob er überhaupt noch hochfährt.

Dein Vater beobachtet dich mit verschränkten Armen. »Ich denke, dieser Tag wird dir eine Lehre sein. Wer sich unsozial verhält und nicht bereit ist, im Leben mal etwas für andere zu leisten, braucht dafür keine Belohnung zu erwarten.«

Dir fehlen die Worte. Das ist SO was von unfair!

Du schluckst deine Enttäuschung hinunter und gehst zur Schule. Dort gratulieren dir haufenweise Freundinnen und Freunde und erkundigen sich, was du bekommen hast. Du antwortest wahrheitsgemäß: »Socken, Fake-Tattoos und Ringbuchordner.« In der Pause spricht sich das wie ein Lauffeuer herum – und führt natürlich zu allgemeiner Erheiterung. *Mach im vorderen Buchdeckel einen Strich bei **CRINGE**!*

Als du am Nachmittag nach Hause kommst und dir einen von Moms geschmacksfreien Cupcakes in den Mund stopfst, wünschst du dir nichts sehnlicher, als dass dein Treffen mit Dr. Feast triumphal ausgehen möge. Du willst, du *musst* es all diesen Idioten zeigen (→ **263**)!

82

Mit welchem Kommentar willst du Lisas Flirt ruinieren?

- »Hey, Lisa! Ist das der Typ, von dem du neulich erzählt hast: kein Arsch in der Hose, dumm wie Brot, aber netter Bizeps?« (→ **99**)
- »Lisa, du hier? Geht's dir wieder besser? Bist du den ekligen Ausschlag los, den du neulich du-weißt-schon-wo hattest?« (→ **59**)
- »Aldo, Alter! Ist die Tussi nicht ein bisschen unter deinem Niveau?« (→ **284**)

83

Elonia Bezoks abschätziger Blick erfasst dich, ihre Mundwinkel bewegen sich minimal nach unten ... Verflixt! Ist dein Auftritt cool genug, um die Unzulänglichkeiten, die du mit an Bord gebracht hast, auszugleichen?

Checke den vorderen Innenumschlag des Buches: Wenn du Striche bei ***Cringe*** *und/oder* ***Fame*** *angesammelt hast, entferne für jeweils zwei vorhandene* ***Cringe****-Striche je einen Strich bei* ***Fame****. Bleiben anschließend noch Striche im Feld* ***Fame*** *stehen? Für jeweils drei davon darfst du ein Wort auf deiner* BUCKETLIST *durchstreichen.*

Sind *jetzt* alle drei Wörter auf deiner Bucketlist durchgestrichen (→ **218**)? Oder bleiben nach wie vor welche stehen (→ **189**)?

84 Alle Frisuren aus der Paris-Episode fallen durch einen massiven Einsatz von Haargel auf. Früher nannte man das Pomade, wie du aus der Serie gelernt hast. Du besorgst dir in der Drogerie mehrere Tuben, beschriftet mit »ultrastarker Halt«, »Wet Look« und anderen absonderlichen Attributen, und klatschst dir eine Handvoll Gel auf den Kopf …

Hmm. Entweder ist dein Haar für diesen Style nicht geeignet, oder die Maskenbildner von *Way of Vogue* hatten bessere Produkte zur Verfügung als deine 1,99-Euro-Gels. Egal, wie penibel du deinen Scheitel ziehst oder das seitliche Haar zu eleganten Wellen zu kämmen versuchst – am Ende siehst du doch immer wieder aus wie der Maulwurf mit dem Kackhaufen auf dem Kopf aus dem beliebten alten Kinderbuch. Und es kostet dich volle zwei Stunden, die Pampe komplett wieder auszuwaschen. Das war leider nix.

Möchtest du jetzt (sofern du das noch nicht getan hast) einen Versuch unternehmen, deinen Kleiderstil dem der Serie anzupassen (→ **256**)? Schaust du dir alle drei Staffeln *noch mal* an, um hinter das Geheimnis der perfekt gestylten Darsteller zu kommen (→ **201**)? Oder gibst du auf und widmest dich anderen, wichtigeren Dingen (→ **51**)?

85

Karma-Time! Tippe mit geschlossenen Augen auf die Symboltafel im hinteren Buchdeckel. Das Zeichen, das du erwischst, bestimmt, wo es weitergeht:

☯ oder 🪷 oder ⛤ → **143**

ॐ oder ☀ → **322**

86

Am Nachmittag philosophierst du darüber, weshalb sich Schule eigentlich oft anfühlt, als müsste man in den Krieg ziehen. Ob das Absicht ist, um einen auf die Härten des sogenannten »wahren Lebens« vorzubereiten? Oder sind vielleicht doch bloß die Lehrer der Kern des Problems (→ **161**)?

87 ☐

Der Test fällt eindeutig aus: Du bist positiv!

Du kannst und willst nicht glauben, dass die Welt am Rande einer neuen Pandemie stehen soll … *Das darf nicht passieren!* Deine Mutter verbietet dir, zur Schule zu gehen, sie selbst verlässt mit Atemschutzmaske das Haus, um rasch noch einen Vorrat an Lebensmitteln einzukaufen. Allein zu Hause, trifft dich die Erkenntnis wie ein Hammerschlag: Nun wird sich alles wiederholen! Die Wochen und Monate ohne persönlichen Kontakt zu anderen, der Heimunterricht über bescheuerte Apps, das dauernde Masketragen, tägliche Selbsttests, vielleicht über Jahre hinweg …

Die grauenhaften Erinnerungen an die Zeit während der letzten Pandemie schnüren dir den Hals zu. Du kannst kaum noch atmen. Möchtest du nach draußen gehen, um etwas frische Luft zu schnappen (→ **261**)? Oder stopfst du lieber ein paar Tafeln Schokolade in dich hinein in der Hoffnung, dass sie – wie so oft behauptet wird – »Glückshormone« enthält, die dir helfen, ein bisschen runterzukommen (→ **219**)?

88 Unglücklicherweise standen im Flur drei Mädchen aus deiner Klasse, die die Lobrede auf dich durch die nur angelehnte Tür Wort für Wort mitbekommen haben. Kaum bist du an ihnen vorbei, beginnen sie, wild zu tuscheln. Du erhaschst Wörter wie »Schleimer«, »Streber« und »Gutmensch«. Deine vorbildliche Tat dürfte morgen Hauptgesprächsthema in der Klasse sein – leider nicht im positiven Sinn! *Mach im vorderen Buchdeckel einen Strich bei* ***CRINGE!*** Mit gemischten Gefühlen machst du dich auf den Heimweg (→ **161**).

89 Nichts funktioniert mehr! Handy, Tablet und PC bekommen keinen Zugang zum Internet, TV-Streaming und jede Art satellitengestützter Kommunikation sind tot. Du versuchst, nicht in Panik zu verfallen – aber das ist leichter gesagt als getan! Wie sollst du dich ohne Textnachrichten und Internet verabreden? Wie den Lieferstatus deiner Bestellungen auf chinesischen Billigwebsites checken oder dich beim Abendessen vor öden Gesprächen mit deinen Eltern drücken? Wie sollst du *existieren* ohne Sprachnachrichten und Videocalls, ohne YouTube, TikTok und Netflix?

Am Abend sitzt du mit deinen Eltern vor dem Fernseher und lauschst gebannt den Nachrichten auf einem der wenigen Kabelsender, die noch zu empfangen sind. Eine sichtlich verunsicherte Sprecherin erklärt, dass der Internetausfall ganz Europa betreffe und das Werk terroristischer Cyber-Hacker unbekannter Nationalität sei. Momentan sei man noch nicht sicher, wie die Kriminellen vorgegangen seien. Es folgen Ausdrücke wie *Zero Day Exploit, Botnetz, DDoS-Angriff gegen zahlreiche wichtige DNS-Services* … Du verstehst nur Bahnhof. Allein einen Satz begreifst du mit schrecklicher Klarheit: *»Als Resultat können derzeit auf einem Großteil privater wie industriell genutzter europäischer Rechner keine Internetadressen mehr zugeordnet werden. Internet- und Satellitendienste sind bis auf Weiteres nicht nutzbar.«*

Eine Katastrophe!

Der kommende Tag in der Schule ist vielleicht der eigenartigste deines bisherigen Lebens: Pausen ohne TikTok, Insta und YouTube, null Textnachrichten, null Memes – einfach *nichts*. Die Stimmung ist gereizt. Niemand weiß, wie es weitergehen wird. Ist das der neue Dauerzustand?

Bald hast du keinen Nerv mehr auf die haltlosen Spekulationen deiner Mitschüler. Du überlegst, wer dir eine fachlich brauchbare Auskunft geben könnte. Doch dir fällt nur Enoch Grimm ein, der nicht nur Mathe unterrichtet, sondern auch die Informatik-AG der Schule leitet. Möchtest du in der Pause zu ihm gehen und mit ihm über die Sache sprechen (→ **73**)? Oder verabredest du dich lieber für den Nachmittag – jetzt und hier, live und mündlich, denn texten kann man ja nicht mehr (→ **152**)? Oder kümmerst du dich aus Trotz um gar nichts, sitzt die restlichen Schulstunden ab und gehst anschließend auf direktem Weg nach Hause (→ **129**)?

90 In der Schule quälst du dich unmotiviert durch den Unterricht. Wirst du drangenommen, schweigst du. Du *kannst* heute einfach nicht mit anderen reden. Sie sollen dich in Ruhe lassen!

In der Pause spricht dich Emily aus der Parallelklasse an, die du mal auf einer Party kennengelernt hast. Ihr ist aufgefallen, wie schlecht du aussiehst, und sie erkundigt sich, ob sie dir irgendwie helfen kann. Du überwindest dich und berichtest ihr von deinen Stimmungsschwankungen. Emily hört aufmerksam zu.

In der nächsten Pause ist sie wieder da. Sie führt dich in eine ruhige Ecke des Schulgeländes. Dort zieht sie ein Döschen aus der Tasche. Mehrere kleine weiße Pillen liegen drin. »Das sind Glückspillen«, erklärt sie. »Meine ältere Schwester hat sie im Rahmen ihrer Psychotherapie verschrieben bekommen. Nimm eine! Wirst sehen: Die wirken hammermäßig!«

Schluckst du eine der weißen Pillen (→ **325**), oder lehnst du ab und rätst ihr, lieber nicht so leichtfertig mit Medikamenten umzugehen (→ **286**)?

91

Die Schüler kommen aus Amerika. Unter ihnen ist ein großer Junge mit halblangem blondem Haar und einem attraktiven Grübchen am Kinn. Du nimmst all deinen Mut und deine bescheidenen Englischkenntnisse zusammen, schlenderst rüber und erkundigst dich, ob du den Neuen behilflich sein oder ihnen irgendwas erklären kannst. Wie die meisten Amerikaner sind sie sehr umgänglich. Innerhalb weniger Minuten bist du in ein angeregtes Gespräch mit Greg, dem blonden Jungen, vertieft. Er scheint dich sympathisch zu finden. Als du dich schließlich wieder erhebst, um wie versprochen den Botengang für Frau Gmelch auszuführen, gibt er dir zum Abschied die Hand und sagt, dass er sich total freuen würde, während seines Aufenthalts hier etwas mit dir zu unternehmen. Wow! *Mach im vorderen Buchdeckel einen Strich bei* ***FAME!*** Glücklich machst du dich auf den Weg in den Keller (→ **7**).

92

Du kannst zu knapp zwei Dritteln der Fragen etwas zu Papier bringen. Ein paar weitere Antworten schreibst du von Becky Schmölzer ab, die zwei Plätze neben dir sitzt. Sie stammt aus einer Musikerfamilie, spielt quasi seit ihrer Geburt Cello und Klavier und weiß den ganzen Kram, egal, ob Frau Kolben jemals darüber gesprochen hat oder nicht. Als du am Ende der Stunde abgibst, hast du die Hoffnung, dass es eventuell für eine schwache Drei reichen könnte …

Die nachfolgenden Stunden verstreichen ohne größere Katastrophen. Erleichtert machst du dich anschließend auf den Nachhauseweg.

Hat dich Dr. Klinscher heute früh zu einem Referat in Geschichte verdonnert, aber du hattest zwischenzeitlich eine Unterredung mit Britta Wickers (→ **282**)? Sollst du ein Referat vorbereiten, hast aber nicht mit Wickers gesprochen (→ **203**)? Hast du kein Referat aufgedrückt bekommen (→ **106**)?

93

Als du am nächsten Morgen aufwachst, fühlst du dich zum ersten Mal seit langer Zeit wieder topfit und voll motiviert. Schwungvoll springst du aus dem Bett, verpasst der Luft ein paar zackige Boxhiebe und brüllst aus voller Kehle: »YEAAAHHH!«

Doch was ist das? Statt eines Power-Schreis dringt nur ein armseliges Krächzen aus deiner Kehle. Du räusperst dich und versuchst es erneut.

»Kriiiächchz!«

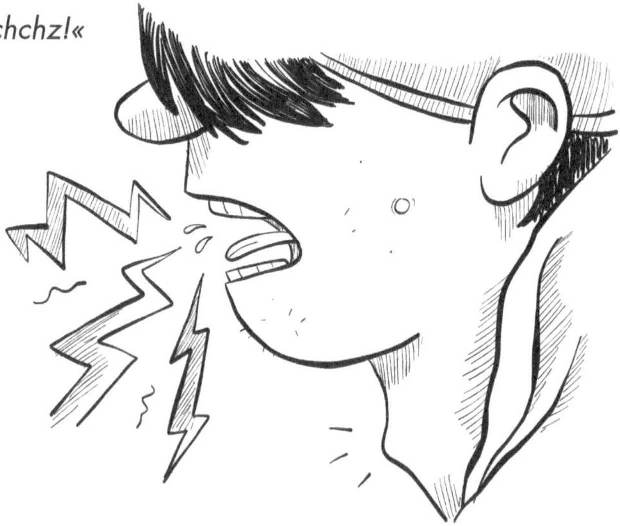

Die Erkenntnis trifft dich wie ein Schlag: Du hast *noch* ein fettes Problem! Schon seit Monaten macht deine Stimme nicht mehr, was sie soll. Mal klingst du normal, wie früher, dann plötzlich wie eine halb verdurstete Krähe. Manchmal kippt deine Stimme auch mitten im Wort um oder hat kurze Totalaussetzer. Wenn du den Livestream mit Dr. Feast nicht schweigend bestreiten willst, solltest du dich dringend darum kümmern! *Schreib das Wort EMMITS in die zweite Zeile deiner Bucketlist bei Abschnitt* ***200****!* Anschließend → **9**.

94

BLITZ – ein grelles Licht blendet dich. Als du wieder etwas erkennen kannst und aus der Maschine trittst, staunst du nicht schlecht: Die Hausmeisterwerkstatt, ja das ganze Schulgebäude um dich herum ist verschwunden! Du stehst unter freiem Himmel in einer Stadt, die deiner Heimatstadt ähnelt, aber tausendmal moderner wirkt: Autos zischen ohne Fahrer auf Gleitkissen über die Straßen, Drohnen befördern Güter und Personen durch den Luftraum. Alles wirkt blitzsauber, die Luft riecht frisch und rein.

Das muss die Zukunft sein!, schießt es dir durch den Kopf. Fasziniert schlenderst du die Straße hinunter. In einem vollautomatischen Drogerie-Automaten siehst du, dass es in dieser Zeit extrem wirksame Salben, Sprays und Cremes gegen nahezu *alles* gibt – unter anderem gegen übermäßige Transpiration. Sollte in der BUCKETLIST deines **Steckbriefs** das Wort IPSNART stehen und noch nicht durchgestrichen sein, kannst du hier mit der nach wie vor funktionierenden Bezahl-App deines Handys zum Preis von umgerechnet 4 Cent ein Spray erwerben, das dein Schweißproblem ein für alle Mal abstellt. *Streich das Wort IPSNART durch!* Als du die Straße entlang zurück zur Zeitmaschine schaust, siehst du, dass sie merkwürdig zu flimmern beginnt. Schnell eilst du zurück, nimmst auf dem Sitz Platz und schlägst auf den Return-Buzzer (→ **264**).

☐ **95** Nach der Schule und den Hausaufgaben schwingst du dich aufs Rad und fährst zu Enoch Grimm. Dort, auf der Terrasse seines Hauses, verlebst du den langweiligsten Nachmittag deines Lebens. Du hattest gar nicht in Erinnerung, dass Schachspielen *so* öde ist! Vielleicht liegt es aber auch an Grimms nicht enden wollenden Anekdoten von früher, wo angeblich »alles besser« war. Und natürlich verlierst du jede Partie.

Doch es kommt noch schlimmer: Irgendwann schlendern ein paar Mädchen vorbei, die ebenfalls auf deine Schule gehen. Die Kunde, dass du in deiner Freizeit Schach mit dem unbeliebtesten und gruseligsten eurer Lehrer spielst, wird morgen in aller Munde sein! *Mach im vorderen Buchdeckel einen Strich bei* ***CRINGE!***

Nach der dritten verlorenen Partie verabschiedest du dich und fährst nach Hause. Da es noch zu früh fürs Abendessen ist, beschließt du, ein bisschen zu lesen (→ **15**).

96

Hinter dir stellt sich ein Junge aus der Parallelklasse an, der überall nur als »Schlüppi« bekannt ist, weshalb auch immer. Nach ein paar Sekunden schnüffelt er plötzlich hörbar. »Al-teeer, hier mieft's vielleicht!«, stößt er hervor. Du ignorierst ihn. Schlüppi ist nicht gerade die gepflegteste Figur auf dem Schulhof. Wahrscheinlich sind ihm die Ausdünstungen seines eigenen durchgeschwitzten Shirts in die Nase ge...

Tamara aus deiner Klasse, die vor dir in der Schlange steht, beugt sich zu dir. »Du schweißelst! Und zwar heavy!«, flüstert sie dir unauffällig zu.

Oh no! Das hätte nicht passieren dürfen! Mit rotem Kopf verlässt du die Schlange. Dir ist der Appetit gründlich vergangen. *Mach im vorderen Buchdeckel einen Strich bei* ***CRINGE!*** Da du hier keine Möglichkeit hast, dich frisch zu machen, hältst du dich für den Rest der Pause abseits von den anderen Schülern auf. Mit gesenktem Kopf begibst du dich nach der Pause in die nächste Unterrichtsstunde (→ **299**).

97 Der Test fällt eindeutig aus: Du bist positiv!

Du kannst und willst nicht glauben, dass die Welt am Rande einer neuen Pandemie stehen soll … Das darf doch nicht passieren! Deine Mutter verbietet dir, zur Schule zu gehen, sie selbst verlässt mit Atemschutzmaske das Haus, um rasch einen Vorrat an Lebensmitteln einzukaufen. Allein zu Hause, wird dir klar, dass sich nun alles wiederholen wird: Wochen und Monate ohne persönlichen Kontakt zu anderen, ständiges Masketragen, tägliche Selbsttests … Du reißt dich zusammen und versuchst, das Positive zu sehen: keine physische Schule mehr, den ganzen Tag rumgammeln, zocken, Futter vom Lieferservice … Vielleicht wird die ganze Sache ja gar nicht so übel (→ **123**)?

98 Ida ist ungefähr so alt wie du und vom Wesen her eher unauffällig. Sie liest ein bisschen, sie zockt ein bisschen, sie reitet ein bisschen, sie spielt ein bisschen Geige, sie zofft sich hin und wieder ein bisschen mit ihren Eltern usw. Ihre beste Freundin, Pia Türkis, kennt sie schon seit Kindergartentagen, und die beiden planen, bis ins hohe Alter befreundet zu bleiben.

In der Schule ist Ida in den meisten Fächern okay. Nur auf Sport hat sie keinen Bock – stundenlang im Kreis zu rennen und Objekte möglichst weit wegzuwerfen, kommt ihr blöd und sinnlos vor. Außerdem fällt es ihr, seit die Pubertät eingesetzt hat, auch irgendwie nicht mehr so leicht wie früher ... Zum Glück gibt es wichtigere Dinge im Leben als Sport – zum Beispiel schicke Klamotten und gute Freunde!

Kehre zurück zu → **1**, *um dir deine anderen Optionen anzuschauen oder eine davon auszuwählen!*

99

Aldo verengt die Augen und sieht Lisa fragend an. »*Das* hast du über mich gesagt?«

Lisa beginnt zu stammeln und versucht, Aldo davon zu überzeugen, dass sie *niemals* etwas Derartiges über ihn sagen würde. Du genießt das Schauspiel, wie sie sich mit rotem Kopf windet und stottert. Zwar schenkt ihr Aldo am Ende Glauben und zischt dich an zu verschwinden, aber du fühlst dich jetzt bedeutend besser. Gut gelaunt gehst du in die nächste Unterrichtsstunde (→ **299**).

100 STECKBRIEF IDA!

CRUSH

☐ Boy ☐ Girl ☐ Nix

△
20 ABZIEHEN!

KONTAKTE

Tel. Pia: 6267333

BUCKETLIST

1. ______________________
2. ______________________
3. ______________________

101

Der Mann hört auf den Namen Imik Pandar. Wie er dir erklärt, ist er Lehrer für Yoga und gibt Meditationskurse und Seminare zum Thema Charakterentwicklung – was auch immer das sein soll.

So eine Art Guru also, denkst du. Aber er macht einen netten, aufgeschlossenen Eindruck. Du erzählst ihm von deiner Angst, es könnte alles wieder so werden wie während der letzten Pandemie vor ein paar Jahren. Dabei kannst du nicht verhindern, dass von Neuem Sturzbäche von Tränen deine Wangen hinabrinnen ...

Mit ruhiger Stimme fordert dich Pandar auf, auf deinen Atem zu achten. Jedes Ein- und Ausatmen sollst du bewusst und aktiv durchführen. Verwirrt tust du, was er sagt – und stellst fest, dass du fast sofort ruhiger wirst. Die Konzentration auf deinen Atem verdrängt die grässlichen Dinge in deinem Kopf, die dich eben noch so fertiggemacht haben.

Ein paar Minuten später geht es dir deutlich besser. Imik Pandar reicht dir ein Taschentuch, um dein Gesicht abzutrocknen, dann bringt er dich zum Gartentor. »Du wirkst wie jemand, in dessen Kopf einiges los ist«, sagt er zum Abschied. »Wenn du mehr darüber lernen möchtest, wie man das Chaos der Gedanken in den Griff bekommt und zur Ruhe findet, besuch mich demnächst gerne mal. Aber bring etwas Zeit mit!« Damit verschwindet er im Innern seines Hauses.

Du merkst dir die Adresse: Alte Allee 69. *Notiere Imik Pandars Adresse auf der Kontaktliste deines* ***Steckbriefs!*** Dann machst du dich auf den Heimweg (→ **123**).

102 Blitzschnell überlegst du, was du erwidern sollst:

- »Klar mähe ich den Rasen! Für dich tu ich doch alles, Dad!« (→ **274**)
- »Den Teufel werd ich! Was geht mich dein beschissener Rasen an? Ich bin doch nicht dein Sklave!« (→ **109**)
- »Kann ich gerne machen. Aber dann räumst *du* zum Ausgleich heute Nachmittag mein Zimmer auf und saugst Staub. Du weißt ja: Eine Hand wäscht die andere.« (→ **313**)

103 Eure Lippen treffen sich – und dein Gegenüber erwidert den Kuss! Ein Gefühl wie ein elektrischer Schlag durchzuckt dich, nur tausendmal besser. Du wünschst dir, dieser Augenblick möge nie zu Ende gehen.

Natürlich tut er das irgendwann. Doch auch in den folgenden Tagen trefft ihr euch regelmäßig und genießt die Gegenwart des anderen, ohne irgendetwas zu überstürzen. Ihr habt alle Zeit der Welt.

Das heißt ... *du* hast genau genommen *nicht* alle Zeit der Welt! Deine Einladung zum Livestream mit Dr. Feast rückt unaufhaltsam näher! Doch nun steht wenigstens fest, dass du dort nicht allein aufkreuzen musst: Ihr fliegt als Paar in die Karibik! *Kreise das angekreuzte Wort in der Rubrik* CRUSH *auf deinem* ***Steckbrief*** *zusätzlich ein.* Erfüllt von neuer Motivation wendest du deine Aufmerksamkeit jetzt wieder dem Abarbeiten deiner BUCKETLIST zu (→ **161**).

104

BLITZ – ein grelles Licht blendet dich. Als du wieder etwas erkennen kannst und aus der Maschine trittst, staunst du nicht schlecht: Die Hausmeisterwerkstatt, ja das ganze Schulgebäude um dich herum ist verschwunden! Du stehst unter freiem Himmel in einer Stadt, die deiner Heimatstadt ähnelt, aber tausendmal moderner wirkt: Autos zischen ohne Fahrer auf Gleitkissen über die Straßen, Drohnen befördern Güter und Personen durch den Luftraum. Alles wirkt blitzsauber, die Luft riecht frisch und rein. *Das muss die Zukunft sein!*, schießt es dir durch den Kopf. Fasziniert schlenderst du die Straße hinunter. In einem vollautomatischen Drogerie-Automaten siehst du, dass es in dieser Zeit extrem wirksame Salben, Sprays und Cremes gegen nahezu *alles* gibt – unter anderem gegen hartnäckige Akne. Sollte in der BUCKETLIST deines **Steckbriefs** das Wort ENKA stehen und noch nicht durchgestrichen sein, kannst du hier mit der nach wie vor funktionierenden Bezahl-App deines Handys zum Preis von umgerechnet 3 Cent ein Fläschchen Nasenspray erwerben, das dein Pickelproblem auf wundersame Weise für immer löst. *Streich das Wort ENKA durch!* Als du die Straße entlang zurück zur Zeitmaschine schaust, siehst du, dass sie merkwürdig zu flimmern beginnt. Schnell eilst du zurück, nimmst auf dem Sitz Platz und schlägst auf den Return-Buzzer (→ **264**).

105 Nach der Schule und den Hausaufgaben schwingst du dich aufs Rad und fährst zu Enoch Grimm. Dort, auf der Terrasse seines Hauses, verlebst du den langweiligsten Nachmittag deines Lebens. Du hattest gar nicht in Erinnerung, dass Schachspielen *so* öde ist! Vielleicht liegt es aber auch an Grimms nicht enden wollenden Anekdoten von früher, wo angeblich »alles besser« war. Und natürlich verlierst du am laufenden Band.

Während der dritten Partie erscheint eine ältere Frau in wallendem, mit Batikmustern verziertem Umhang am Gartentor. Als Grimm sie sieht, springt er auf. »Entschuldige mich kurz. Das ist Frau Moerchen. Sie bringt mir eine Salbe.« Er stakst zum Tor und nimmt etwas von der Dame entgegen, die bei genauerer Betrachtung viel zu sympathisch wirkt, um mit einem Mathelehrer befreundet zu sein. »Sigrid Moerchen betreibt eine Praxis für alternative Heilmethoden, gleich hier um die Ecke, Birkenallee 35«, erklärt Grimm, nachdem er sich wieder gesetzt hat. »Sie hat aus eigenhändig gesammelten Kräutern eine Salbe gegen meine Hühneraugen gemacht!« Begeistert hält er eine Tube hoch. »Falls du mal Rat oder Hilfe wegen eines gesundheitlichen Problems benötigst – Körper, Haut, Haare, all so was –, kann ich Frau Moerchen wärmstens empfehlen.« *Notiere die Adresse der Heilpraktikerin auf der Kontaktliste deines* ***Steckbriefs****!*

Nachdem du auch die dritte Partie chancenlos verloren hast, verabschiedest du dich und fährst nach Hause. Es ist noch zu früh fürs Abendessen, daher beschließt du, ein bisschen zu lesen (→ **15**).

106

Der Rest des Tages verstreicht ohne besondere Vorkommnisse.

Karma-Time! Tippe mit geschlossenen Augen auf die Symboltafel im hinteren Buchdeckel! Das Zeichen, das du erwischst, bestimmt, wo es weitergeht:

 → **270**

 → **181**

 → **135**

 → **125**

 → **22**

(Solltest du beim betreffenden Abschnitt feststellen, dass du diesen bereits kennst, kehre ausnahmsweise hierher zurück und tippe auf ein neues Symbol.)

107

Du nennst der Brillenträgerin Namen und Adresse deiner Begleitperson. Sie notiert alles. »Wir werden Abholung und Flug koordinieren«, erklärt sie. »Wahrscheinlich wird deine Begleitung aber erst eine Maschine später eintreffen. Ihr seht euch dann in der Karibik.«

Du freust dich, dass du deine Begegnung mit Dr. Feast nicht allein bestreiten musst. Außerdem wirst du im Stream viel cooler wirken, wenn du Hand in Hand mit der Person deines Herzens auftrittst. *Mach im vorderen Buchdeckel einen Strich bei* ***FAME*** *(→* ***239****)!*

108 Die Antwort aus Tibet kommt schon nach wenigen Minuten:

> Das tut mir sooo leid! Versuch, so viel
> Sonne und frische Luft abzukriegen wie
> möglich.
> Und beweg dich! Seit ich hier bin und
> jeden Tag in der Höhenluft herumkraxele,
> fühl ich mich so gut wie lange nicht mehr.
> Ich wünschte, ich könnte dich herbeamen!
> <3

Du sendest deiner Schwester ein Herz zurück und nimmst dir vor, ihre Empfehlungen demnächst in die Tat umzusetzen (→ **131**).

109 Dein Vater mustert dich mit eisigem Blick. »Als Erziehungsberechtigter ist es nicht nur mein Recht, sondern auch meine Pflicht, dich zu einem verantwortungsbewussten Mitglied der Gesellschaft zu erziehen. Dazu gehört, sich früh genug daran zu gewöhnen, dass man manchmal gewisse Aufgaben und Verpflichtungen zu übernehmen hat …«

Achtung: Gleich wird er dir erzählen, dass er das in deinem Alter auch manchmal gehasst hat!

»In deinem Alter fand ich das natürlich auch manchmal nicht so toll …«

Hahaha!

»Du lebst absolut in der Vergangenheit, Dad!«

»Ach? Und du lebst in der Zukunft, wie? Wo Kinder ihren Eltern vorschreiben, was zu tun ist? Verstehe.« Er erhebt sich und drückt den Rücken ganz gerade durch. Das macht er immer, wenn er beeindruckend und autoritär wirken will. »Ich zeige dir jetzt, wer von uns beiden in der Gegenwart lebt: Bis du gelernt hast, ein produktives Mitglied dieser Familie zu sein, wird deine Screentime auf eine Stunde pro Tag reduziert.«

Screentime? Woher hat er denn dieses Wort? Bestimmt von einem seiner Stammtischkumpel. Die kommen sich auch alle total modern und jugendlich vor mit ihren Basecaps und kurzen Hosen ... *Alte Männer mit Caps und Shorts!* Was soll man dazu schon sagen?

Du fühlst dich plötzlich unendlich müde. Deswegen verzichtest du darauf, weiter mit deinem Vater zu diskutieren. Dass er es tatsächlich ernst meint, wird dir erst später klar: Als du dich auf den Weg zur Schule machst, kassiert er dein Handy ein. »Hat auch einen Screen«, erklärt er und schließt es weg.

Bereits unterwegs fühlst du dich grauenhaft abgekoppelt von der Welt. Du ahnst, dass dir gerade etliche wichtige Neuigkeiten entgehen. Und genau so ist es: Als du in der Schule ankommst, kannst du nicht mitreden – denn du weißt von nichts, was passiert ist. Dass man Inga, die ältere Schwester von Oberzicke Lisa Zinß, dabei gefilmt hat, wie sie sich einen Riesenbecher Iced Coffee über ihr neues Sommerkleid gekippt hat. Dass Musiklehrerin Daniela Kolben angeblich schwanger ist. Niemand hat Lust, dir alle Details noch mal langatmig zu erklären. Du kommst dir isoliert und dumm vor. *Mach im vorderen Buchdeckel einen Strich bei* ***CRINGE!***

Als du nach einem auch ansonsten wenig erfreulichen Schultag nach Hause kommst, wird es nicht besser: Dein Dad überwacht dich wie ein Schießhund – deine PlayStation ist ebenso vom Screentime-Limit betroffen wie Tablet oder Smart-TV. Die reinste Diktatur!

Möchtest du klein beigeben und seinen Rasen unangekündigt *doch* mähen in der Hoffnung, dass er das Verbot zurücknimmt (→ **68**)? Oder beschließt du, dem Alten zu zeigen, dass man so nicht mit dir umspringen kann, und läufst kurzerhand von zu Hause weg (→ **163**)?

110

»*Hier* steckst du, Bro! Ich hab dich überall gesucht!« Es ist Tarik, dein bester Kumpel. Er wirkt total aufgedreht und schwenkt sein Smartphone. »Es ist passiert, Alter! Du bist es!«

Du rollst die Augen. »Ich bin *was*? Fire? Total nice? Der coolste Typ, den du kennst?«

Tarik grinst übers ganze Gesicht. »Wunschdenken, was? Nee, besser!« Er hält dir das Handy vors Gesicht. Auf dem Display ist eine E-Mail zu sehen. Das Logo am unteren Ende kommt dir irgendwie bekannt vor …

»Du bist Dinner-Gast bei Dr. Feast!«

»Hä?« Unendlich langsam setzen sich die Puzzleteile in deinem Kopf zusammen. Jetzt erinnerst du dich, woher du den Schriftzug in der E-Mail kennst: Es ist das Logo von Dr. Feast, einem der drei bekanntesten YouTuber der Welt. Seinen Kanal »Come Feast

With Dr. Feast« hast du eine Zeit lang ganz gern gesehen. Dort lädt Dr. Feast, mit bürgerlichem Namen Thomas »Tommy« Covenant, einmal im Monat Stars aus Film, Musik und Sport auf seine Luxusjacht in der Karibik ein, wo er ihnen ein erlesenes Menü vorsetzt, zubereitet von internationalen Spitzenköchen. Ebenfalls dabei ist stets ein jugendlicher Nicht-Promi, jemand ganz Normales. Das Ganze wird gestreamt. Beim letzten Dinner, das du angeschaut hast, waren über acht Millionen Menschen live vor ihren Bildschirmen dabei.

»Wieso sollte ausgerechnet *ich* ...?«, beginnst du verständnislos.

»Na, weil ich für dich an der Auslosung teilgenommen habe, Alter!« Tarik strahlt wie eine Nuklearexplosion. »Man kann Freunde oder Verwandte für den Lostopf vorschlagen. Ich hab deine Daten hingeschickt, schon vor Wochen. Heute war der Tag der Entscheidung – und DU bist Ende des Monats dabei! Ich hab's schon allen erzählt. Mann, wird das cool – wenn du uns alle fett aus dem Internet angrinst, während du mit einem Drink in der Karibik chillst!« Er streckt dir die Hand zum High Five hin. Statt sie abzuklatschen, schnappst du dir das Handy und liest die Mail. Da steht es schwarz auf weiß: Du wirst Ende des Monats zu Dr. Feast in die Karibik fliegen! Deine Eltern wissen bereits Bescheid und haben ihr Okay gegeben.

Fassungslos klickst du den Link zu Dr. Feasts Website an – und erschrickst! Von der Startseite glotzt dir *dein* Gesicht entgegen, ein Schnappschuss, den Tarik vor ein paar Wochen auf einer Party gemacht hat. Mit einem unguten Gefühl zoomst du das Bild größer ... und prompt springen dir Dutzende dicke, gerötete

Aknebeulen entgegen, die dir der Hormonschub vor einer Weile beschert hat.

Bei der Vorstellung, so auf den Bildschirmen von acht Millionen Menschen aufzutauchen, krampfen sich dein Magen und alles, was sich weiter unten befindet, schmerzhaft zusammen. *Schreib das Wort ENKA in die erste Zeile der BUCKETLIST deines **Steckbriefs** bei Abschnitt **200**!*

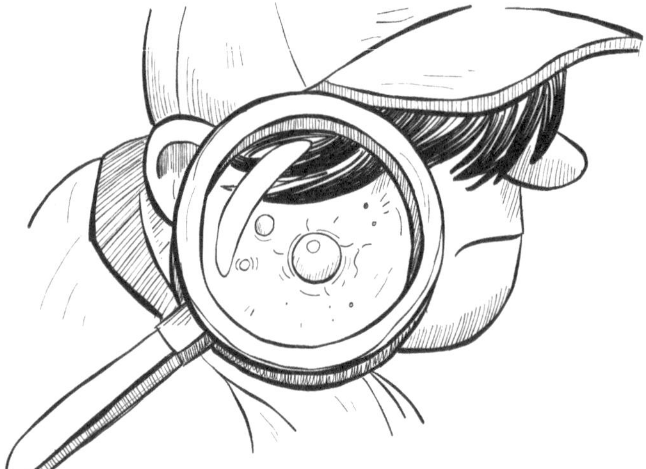

In deinem Kopf wirbelt alles wild durcheinander. Wenn du in *dieser* Verfassung bei Dr. Feast auftauchst, wäre das oberklassepeinlich, dokumentiert im Internet, von wo die Sache nie wieder verschwinden würde.

Willst du versuchen, die Einladung zu canceln, um einer unsterblichen Blamage zu entgehen (→ **141**)? Oder fügst du dich in dein Schicksal und versuchst, in den Wochen, die dir bis zum Dinner bleiben, die Pickel irgendwie in den Griff zu bekommen (→ **216**)?

111

Du findest Lisa am Brunnen in der Mitte des Schulhofs, wo sie sich mit Aldo unterhält, dem Schönling und Aufreißer aus der Parallelklasse. Du weißt, dass sie schon länger versucht, bei Aldo zu landen. Und auch jetzt scheint sie hart im Baggermodus zu sein: Sie ist so beschäftigt damit, über Aldos Sprüche zu lachen und ihn mit ihren langen Wimpern anzublinzeln, dass sie dich gar nicht kommen sieht. Willst du dich neben ihr aufbauen und ihr ins Gesicht sagen, was du von ihrem Verhalten dir gegenüber hältst (→ **162**)? Mischst du dich stattdessen lieber in ihr Gespräch mit Aldo ein, um ihre Erfolgsaussichten bei ihm zu reduzieren (→ **82**)? Oder versuchst du, unbemerkt ihr übergroßes Smartphone zu stibitzen, das wie immer halb aus ihrer winzigen Umhängetasche ragt (→ **317**)?

112

Du ignorierst die Wut in deinem Bauch, holst Pinsel und Farbe aus dem Keller und streichst das Garagentor. Blöderweise vergisst du, vorher in andere Klamotten zu steigen. Als du fertig bist, ist deine Lieblingsjeans von oben bis unten mit Lackfarbe bekleckert. Das geht nie wieder raus – die Hose kannst du in den Müll werfen. *Mach im vorderen Buchdeckel einen Strich bei* ***CRINGE!*** Aber wenigstens dein Dad ist happy. »Solide Leistung. Sieht aus wie neu«, bekundet er beim Abendessen. »Ich werte deine Kooperation als Zeichen, dass du dir deiner Position in dieser Familie bewusst geworden bist und fortan bereit bist, deinen Teil der ...«

Bla, bla, bla. Du stellst deine Ohren auf Durchzug.

»... hebe ich hiermit dein Screentime-Limit auf!«

Ha! Das hätte geklappt. Vielleicht solltest du seine gute Laune ausnutzen und den Alten auf eine Erhöhung deines Taschengelds ansprechen (→ **206**)? Oder möchtest du lieber nichts riskieren – auch im Hinblick auf deinen Geburtstag, der am nächsten Tag ansteht – und gehst lieber früh schlafen (→ **326**)?

113

»Ich schwitze so krass, unter meinen Achseln bildet sich schon ein Mikroklima mit eigener Flora und Fauna!«, schilderst du die Katastrophe.

»Kein Problem, Junge. Wenn du mich das nächste Mal besuchst, nimmst du dir einen Vorrat Kernseife mit! Ein-, zweimal täglich damit abschrubben, und du bist gerüstet für den Alltag.«

Dich schaudert beim Gedanken an die kantigen, nach nichts riechenden Seifenbrocken, die immer im Badezimmer von Oma Hedi herumliegen ... vermutlich schon seit dem letzten Weltkrieg. Du versprichst, dir beim nächsten Mal etwas Kernseife von ihr mitzunehmen, und legst auf.

Das war nicht sonderlich hilfreich. Seife hast du selbst, und du benutzt sie sogar. Wenn die Sache *so* einfach wäre, hättest du kein Problem (→ **171**).

114

Am Abend, nach einem heftigen Streit mit Pia, schreibst du die Details eurer Auseinandersetzung in dein Tagebuch. Überrascht stellst du fest, dass du in der Lage bist, dein eigenes Verhalten neutral zu kommentieren. Dir wird bewusst, wie sehr du an dir gearbeitet hast. Du bist jetzt stabil genug, um selbst einer Herausforderung wie dem Dinner mit Dr. Feast zu begegnen! *Streich das Wort GNUMMITS auf der* BUCKETLIST *deines* ***Steckbriefs*** *durch!* Steht dort bereits ein Wort in der dritten Zeile, egal, ob durchgestrichen oder nicht (→ **230**)? Oder ist Zeile 3 noch leer (→ **32**)?

115

Du siehst dir die ersten beiden Folgen an. Die Story ist in der Gegenwart angesiedelt, aber häufige Rückblenden, zum Beispiel ins späte 19. und frühe 20. Jahrhundert, erläutern die Geschichte des Modemagazins. Die Intrigen und Konflikte zwischen den Figuren sind nett erzählt, aber nicht oscarverdächtig. Was dagegen hervorsticht, ist, dass *jede einzelne* Figur hammermäßig gestylt ist: Ob Haar, Bärte, Kleidung, Schuhe, Schminke – alles sitzt hundertprozentig, egal, ob die jeweilige Episode im Paris der 1920er-Jahre oder im New York der 1990er-Jahre spielt. Einfach jeder in *Way of Vogue* sieht spitze aus – und das, obwohl viele der Darsteller Allerweltsgesichter haben und man für manche Rollen sogar extra unattraktive Schauspieler gecastet hat. Kein Wunder, dass sich aktuell überall Fanklubs gründen, auf deren Treffen Fans zusammen Folgen anschauen und den Style der Figuren diskutieren. So auch in deiner Stadt.

Du fragst dich, wie es möglich ist, dass ausnahmslos alle Figuren so attraktiv rüberkommen. Möchtest du ein *Bingewatch*-Wochenende einlegen und dir alle drei bisherigen Staffeln reinziehen, um es herauszufinden (→ **304**)? Nimmst du Kontakt zum Fanklub auf und gehst zu einem Treffen, um mit Gleichgesinnten über das Mysterium zu diskutieren (→ **150**)? Oder beschließt du, dass du andere Probleme hast, und ignorierst den *Way of Vogue*-Trend lieber (→ **51**)?

116

Du schlenderst in Richtung des nahe gelegenen Stausees. Dort entdeckst du ein einsames Fleckchen, wo du dich am Fuß eines uralten Baums niederlässt. Die Sonne scheint, außer dir ist niemand in der Nähe. Nur das Summen einiger Bienen und das Rascheln des Laubs im Wind sind zu hören. Es ist fast, als wärst du der einzige Mensch auf der ganzen Welt … himmlisch!

Als du dich ein paar Stunden später auf den Heimweg machst, fühlst du dich geerdet und erholt wie nach einem einwöchigen Urlaub. Du nimmst dir vor, bald wieder herzukommen. *Mach im vorderen Buchdeckel einen Strich bei* ***FAME****!* Zurück zu Hause, ist es noch zu früh fürs Abendessen, daher beschließt du, ein bisschen zu lesen (→ **15**).

117

In seiner Kajüte leert Captain Goose in schneller Folge mehrere große Gläser Rum. Im Anschluss wird er sehr gesprächig. Ausgelassen erzählt er dir von allerlei Raubzügen, die er und seine Bande von Gesetzlosen in den letzten Jahren durchgeführt haben – und von den unappetitlichen Dingen, die er mit seinen Gefangenen angestellt hat. Dich gruselt bei der Erwähnung von Stockhieben auf nackte Fußsohlen, Peitschen, Schrauben und Zangen – und vor seinem Mundgeruch. Aber um den Captain nicht zu verärgern, lächelst du pflichtschuldig und hörst weiter zu.

Irgendwann reißt plötzlich einer von Gooses Männern die Tür auf. Er berichtet, der komische Metallkasten, den du mit an Bord gebracht habest, hätte sich gerade flackernd in Nichts aufgelöst! Du springst auf und rennst nach draußen. Es stimmt: Die Zeitmaschine ist weg! Offenbar blieb ein Abbild des Apparats – und damit die einzige Verbindung zu deiner Gegenwart – nur für eine gewisse Dauer hier bestehen. Zeit, die du damit vergeudet hast, dir olle Piratenkamellen anzuhören!

Den Rest deiner Tage wirst du hier zubringen müssen, im Zeitalter der Piraten. Wie es dir dort ergeht, was du erlebst und ob du alt und zufrieden stirbst oder bereits in jungen Jahren auf grausame Weise ums Leben kommst, ist eine andere Geschichte, die in einem anderen Buch erzählt wird.

ENDE

118

Aus der Bordapotheke stibitzt du ein starkes Abführmittel. Das gibst du unbemerkt in den Hummersalat, eine der zahlreichen Vorspeisen. Der Erfolg ist durchschlagend: Keine halbe Stunde, nachdem der Salat serviert wurde, sprinten sämtliche Gäste des Dinners – eine Hollywoodschauspielerin, ein Tennisprofi, der Gewinner des diesjährigen E-Sports-Weltcups, ein männliches

Topmodel, eine Popsängerin, die jugendliche Non-Promi-Zweitbesetzung sowie natürlich Dr. Feast höchstpersönlich – reihum aufs Klo, immer und immer wieder. Schließlich muss der Livestream abgebrochen werden.

Du kannst dich vor Lachen kaum halten.

Unglücklicherweise hat dich jemand beim Präparieren des Hummersalats beobachtet! Bevor sich herumsprechen kann, dass du den Stream sabotiert hast, und Dr. Feasts Produktionsfirma dich mit Schadensersatzforderungen in Millionenhöhe überzieht, klaust du ein kleines Motorboot und rast damit zurück nach Trinidad. Du musst per Flugzeug ins Ausland fliehen und untertauchen (→ **121**)!

119

Als du am folgenden Morgen aufwachst, solltest du dich eigentlich prima fühlen. Doch das Gegenteil ist der Fall: Ehe du weißt, wie dir geschieht, rinnen dir Tränen über die Wangen. Der Druck durch die drohende Dr.-Feast-Sache macht dich total fertig. Du willst am liebsten nur noch raus aus allem, allein sein, deine Ruhe haben … Als dir bewusst wird, dass Selbstmitleid nichts an der Situation ändert, überkommt dich nackte Wut: Wut auf dich selbst, auf Pia, die dich in diese unmögliche Lage gebracht hat, auf deine Eltern, auf *alle*! Noch etwas später, deine Mom ruft bereits zum Frühstück, wird dir klar, dass du ein weiteres Problem hast, das du dringend angehen solltest – es sei denn, du willst Dr. Feast und seinen Gästen ohne Vorwarnung etwas vorheulen: Du musst deine Stimmungsschwankungen in den Griff bekommen!

Schreib das Wort GNUMMITS in die zweite Zeile deiner BUCKETLIST (bei Abschnitt ***100****)*, anschließend → **53**.

120

Kiara hat mehr Ahnung von Styling als du, sowohl in Sachen Haar als auch hinsichtlich Kleidung. Zunächst versucht ihr, ein paar Frisuren aus der Serie nachzumachen ... mit gemischtem Erfolg. Während man bei Kiara zumindest erkennen kann, dass sich jemand etwas bei ihrem Look gedacht hat, ähnelst du entweder einem struppigen Gebüsch oder einem begossenen Pudel. Offenbar hast du für derart kunstvolle Styles einfach nicht die richtige Haarstruktur.

Als Nächstes versucht ihr, übers Internet an ein paar der Klamotten heranzukommen, die die Schauspieler in der Serie tragen – vergeblich. Alles sind Markensachen und so teuer, dass ihr sie nicht mal kaufen könntet, wenn eure Eltern dafür ihr Auto verpfänden würden. Mist!

Karma-Time! Tippe mit geschlossenen Augen auf die Symboltafel im hinteren Buchdeckel. Das Zeichen, das du erwischst, bestimmt, wo es weitergeht:

⛤ oder 🪷 oder ☯ **→ 38**

☀ oder ॐ **→ 57**

121 Nach einer komplizierten und anstrengenden Reise, die all deine Ersparnisse aufzehrt, landest du in einem abgelegenen Gebirgsdorf im Himalaja-Gebirge. Dort, in einem Kloster, dessen Mönche ein ewiges Schweigegelübde abgelegt haben, findest du Ruhe vor den Gedanken, die dich nach der unaussprechlichen Blamage verfolgen. Viele Jahre lang meditierst du stumm mit den Mönchen, und irgendwann gelingt es dir, dich geistig vollständig von deinem früheren Leben zu lösen und es hinter dir zu lassen. In den darauffolgenden Jahren entwickelst du eine neue, spektakuläre Kampfkunst, die hauptsächlich den linken kleinen Finger sowie die Nasenspitze des Kämpfers nutzt. Wie du die Technik des Mikro-Fu zunächst den Mönchen des Klosters beibringst und später damit zu Weltruhm gelangst, ist eine ebenso spannende wie unglaubliche Geschichte ... aber sie wird in einem anderen Buch erzählt.

ENDE

122 Du verabredest dich mit Bella, die in deiner Nachbarschaft wohnt, zum Stadtbummel. Zwar sind wegen des Internetausfalls keine Karten- und Handyzahlungen möglich und die meisten größeren Geschäfte deshalb geschlossen, aber ein paar kleine Läden und Cafés haben geöffnet. Du investierst dein Taschengeld in Süßkram und eine grellbunte Cap. Zu Hause stellst du fest, dass die Kappe bei genauerer Betrachtung eher bescheuert aussieht. Fürs Abendessen ist es noch zu früh. Da das Internet noch immer down ist, suchst du dir etwas zu lesen … (→ **15**)

123

Die folgenden beiden Tage verbringst du mit deinen Eltern in Quarantäne. Am zweiten Abend sickern allmählich mehr und mehr Informationen zu der angeblichen »neuen Pandemie« in die Medien durch: Die Krankheitswelle in Asien hatte nichts mit Corona zu tun, es handelte sich vielmehr um eine Magen-Darm-Erkrankung, die über das Trinkwasser übertragen wurde. Interessant. Dir kommt ein Verdacht …

Du holst einen Selbsttest aus der Vorratskammer und checkst dich. Nichts. Du wiederholst den Test. Negativ. Auch deine Eltern, die sich vorgestern auf der Arbeit noch positiv getestet hatten, zeigen keine Anzeichen einer Infektion. Krankheitssymptome hat sowieso keiner von euch.

Dein Vater beginnt herumzutelefonieren … und kommt mithilfe eines Bekannten von der Stadtverwaltung schließlich auf die Lösung: Eine große Charge Selbsttests, mit der unter anderem öffentliche Einrichtungen wie Schulen, aber auch die Arbeitgeber deiner Eltern beliefert wurden, war schadhaft. Die kaputten Tests können nur »positiv« anzeigen. In Wahrheit hat niemand in der Stadt die gefürchtete »neue Corona-Variante« – die fehlenden Schüler in deiner Klasse haben eine ganz normale Grippe (→ **287**)!

124 »Beruhigen Sie sich, Herr Moepsel«, beginnst du. »Ich weiß ja nicht, was passiert ist, aber ...«

In diesem Augenblick erschüttert eine weitere Detonation die Werkstatt. Hinter dem Vorhang des Apparats blitzt es auf, der Stoff fliegt beiseite, und eine breitschultrige, über und über behaarte Gestalt wankt dahinter hervor. Es folgt eine weitere, ebenfalls am ganzen Körper behaart und mit einem primitiven Lendenschurz bekleidet, dann noch eine und noch eine ...

Neandertaler!, schießt es dir durch den Kopf. Wie ist das möglich?

Immer mehr Urmenschen strömen aus der Maschine. Knurrend sehen sie sich in der Werkstatt um, dann kommen sie mit erhobenen Keulen auf Moepsel und dich zu. Ihr weicht zurück. In diesem Moment kracht es, dass die Wände beben. Hinter dem Vorhang ertönt ein Tröten wie von einem unfassbar großen Elefanten. Ein meterlanger, fellbedeckter Rüssel reckt sich durch die Öffnung nach draußen ... Da hat der erste Neandertaler dich erreicht und versetzt dir mit seiner Keule einen Hieb in die Magengrube! Du stürzt rückwärts, krachst mit dem Kopf gegen eine Werkbank, und alles um dich herum wird schwarz (→ **33**).

125 Am nächsten Morgen sitzt du mit dem Smartphone am Frühstückstisch und versuchst, dich online über den aktuellen Status in Sachen Dr. Feast zu informieren. Kaum zu fassen, auf wie vielen Websites dein Foto mittlerweile zu sehen ist ...

Ein theatralisches Räuspern lässt dich zusammenzucken. Es ist dein Dad. Er hat die Zeitung sinken lassen und mustert dich mit starrem Blick. Erst vor ein paar Tagen hat er verkündet, dass er Smartphone und Tablet bei Tisch nicht mehr sehen will. Ob er Verständnis dafür hat, dass du dich momentan leider unmöglich an seine Auflagen halten kannst?

Surfst du unbeeindruckt weiter (→ **217**), oder steckst du das Telefon vorsichtshalber weg (→ **153**)?

126

»Aber wenn du der unumstößlichen Ansicht bist, dass du eine *Wahl* haben solltest, kannst du die gerne kriegen: *Entweder* du übernimmst das Referat, *oder* ich trage dir direkt eine Sechs wegen Leistungsverweigerung ein. Wie hättest du es gerne?«

Du bekommst vor lauter Wut kein Wort mehr heraus. Erbarmungslos vermerkt Klinscher eine Sechs für dich in seinem Notizbuch. S**t! *Mach im vorderen Buchdeckel einen Strich bei **CRINGE**!*

Wenig später endet die Stunde, und du verziehst dich kleinlaut in die Pause (→ **234**).

127

Innerhalb von gerade mal zwei Stunden gelingt es dir, den Rechner so einzurichten, wie du ihn haben möchtest. Alles ist da, wo du es brauchst, alle Programme und Apps funktionieren. Ha!

Nach der langen konzentrierten Arbeit bist du zu ausgepowert zum Zocken. Stattdessen pflanzt du dich aufs Sofa und schaust dir auf einem deiner liebsten YouTube-Kanäle ein Longplay-Video zu *Minecraft* an. Stunde um Stunde kommentiert der Profi mit ruhiger Stimme seine Erkundung eines verregneten Mangroven-Bioms ... unendlich entspannend!

Nach einer Weile betritt dein Dad das Wohnzimmer »Hey, what's up, folks? Zocking hard, aye?«

Uuuhhh! Du *hasst* es, wenn er das spricht, was er für »Jugendsprache« hält.

Er wirft einen Blick auf den Monitor. »Ahh ... *Bioshock*, was?«

»Knapp daneben. *Minecraft.*«

»Ah. Klar. *Minecraft.* Okay.« Er setzt sich neben dich und schaut dir eine Weile zu. Irgendwann runzelt er die Stirn. »Sag mal ... wieso *machst* du gar nichts?«

»Was soll ich denn machen? Das ist ein Video, Dad!«

»Wie jetzt? Du spielst gar nicht selbst?« Er wirkt verwirrt. »Du siehst *jemand anderem* zu, wie er spielt? Das ist doch bescheuert!«

»Nicht bescheuerter, als wenn du Bundesliga schaust und faul von der Couch aus anderen Typen beim Kicken zuguckst«, gibst du unbeeindruckt zurück.

Das saß! Peinlich berührt mustert dein Vater den Bauch, der sich in letzter Zeit immer deutlicher unter seinem Shirt abzeichnet. »Vielleicht hast du recht ... Ich sollte zusehen, dass ich wieder ein bisschen fitter werde! Zum Glück hat mir neulich ein Kollege auf der Arbeit die Nummer dieses neuen Fitness-Coachs gegeben ...« Er kramt in seiner Hosentasche, bis er eine Visitenkarte findet. »Der Typ betreut aktuell Kunden zum Einführungspreis. Muss bei Gelegenheit mal anrufen!« Damit steht er auf und geht in die Küche.

Du schaust dir die Karte an. JANNICK KHONG, PERSONAL TRAINER steht darauf, außerdem eine Rufnummer: 8713989. *Notiere*

Name und Nummer in der KONTAKTLISTE *deines* ***Steckbriefs****!* Kopfschüttelnd siehst du zu, wie dein Vater sich das doppelte Nutella-Bananenbrot einverleibt, das er in der Küche gebastelt hat (→ **243**).

128

Wirf einen Blick auf die BUCKETLIST *deines* ***Steckbriefs*** *(Abschnitt* ***300****)*: Steht ein Wort in Zeile 3, egal, ob durchgestrichen oder nicht (→ **230**)? Ist Zeile 3 leer, aber in Zeile 2 steht ein Wort, durchgestrichen oder nicht (→ **283**)? Oder ist Zeile 1 die einzige mit einem Wort darin (→ **166**)?

129

Am Nachmittag nach den Hausaufgaben kommt, was kommen musste: Du langweilst dich zu Tode! Wie haben die Menschen früher bloß ohne Internet überlebt, mit nichts zu ihrer Unterhaltung als das von Rentnern für Rentner gemachte Kabelfernsehen? Es ist die Hölle!

Deine Mom schlägt vor, dass du es mal wieder mit einem Buch probieren könntest. Befolgst du ihren Rat (→ **15**), oder rufst du lieber ein paar Freunde an, um dich mit jemandem zu verabreden (→ **268**)? Du könntest auch etwas tun, das du schon lange nicht mehr gemacht hast: einen schönen, langen Spaziergang (→ **116**).

130

Aus einer spontanen Eingebung heraus springst du auf die hüfthohe Mauer, die den Gehweg vom Fluss trennt, und balancierst mit ausgestreckten Armen darauf wie ein Seiltänzer. Dummerweise bist du aber keiner, und die bröckeligen Steine auf der Mauerkrone sind für diese Art von Belastung schon lange nicht mehr geeignet. Ein *Kracks*, ein schriller Schrei – und du segelst mit rudernden Armen rücklings in die rauschenden Fluten! Sofort erfasst dich die Strömung und reißt dich mit sich. Zum Glück verständigt Sophie geistesgegenwärtig die Feuerwehr. Mit Netzen gelingt es den Einsatzkräften, dich aus dem Wasser zu fischen, bevor du über das viele Meter hohe Wehr am Stadtrand gespült wirst. Du kommst mit Unterkühlung und vielen Litern Wasser im Magen ins Krankenhaus. Am nächsten Tag bist du nicht nur *das* Gesprächsthema der Schule, sondern der ganzen Stadt. *Mach im vorderen Buchdeckel einen Strich bei **CRINGE**!* Sophie nach dieser Pleite noch einmal unter die Augen zu treten, wagst du nicht. Wer würde sich freiwillig mit einem Clown wie dir abgeben? Du versuchst, sie zu vergessen und dich auf die wichtigen Dinge in deinem Leben zu fokussieren (→ **161**).

131 Am Nachmittag, einmal mehr allein in deiner Bude, grübelst du darüber nach, was du noch unternehmen kannst, um dich für deinen Auftritt vor einem internationalen Streaming-Publikum in Form zu bringen. Wie zum Henker sollst du es bloß schaffen, die Millionen Menschen vor den Bildschirmen souverän anzugrinsen? Gibt es niemanden, bei dem du Rat und Hilfe suchen könntest?

Wenn du jemanden anrufen möchtest, dessen Telefonnummer sich in deiner KONTAKTLISTE (Abschnitt **300**) befindet, addiere alle Ziffern dieser Nummer, und lies den Abschnitt, der ihrer Summe entspricht. Möchtest du jemanden persönlich aufsuchen, lies den

Dance

Abschnitt, der der Hausnummer der betreffenden Adresse gleicht. *(Achtung: Du kannst jede Nummer und jede Adresse im Verlauf der Geschichte nur einmal nutzen!)*

Hast du für den Moment genug Anrufe und Besuche getätigt oder keine ungenutzten Kontakte mehr zur Verfügung (→ **128**)?

132

Du verabredest dich mit Finja, einer Klassenkameradin, mit der du sonst wenig zu tun hast. Wie sich herausstellt, besitzt sie einen kleinen, unendlich süßen Hund. Ihr verbringt den Nachmittag zusammen, wobei du feststellst, dass es erheblich mehr Spaß macht, mit einem Welpen zu spielen, als sich Welpen auf Insta anzuschauen.

Als du nach Hause kommst, ist es noch zu früh fürs Abendessen. Was macht man ohne Internet mit seiner Freizeit? Vielleicht etwas lesen (→ **15**)?

133

Karma-Time! Tippe mit geschlossenen Augen auf die Symboltafel im hinteren Buchdeckel. Das Zeichen, das du erwischst, bestimmt, wo es weitergeht:

 oder  → **197**

 oder  oder  → **321**

134 △

Am Abend, nach einem heftigen, eigentlich völlig bedeutungslosen Streit mit deiner Mom, schreibst du die Details eurer Auseinandersetzung in dein Tagebuch. Überrascht stellst du fest, dass du in der Lage bist, dein eigenes Verhalten neutral zu kommentieren. Dir wird bewusst, wie sehr du an dir gearbeitet hast. Du bist jetzt stabil genug, um selbst einer Herausforderung wie dem Dinner mit Dr. Feast zu begegnen! *Streich das Wort GNUMMITS auf der BUCKETLIST deines* ***Steckbriefs*** *durch,* anschließend → **230**.

135

In der Schule gibt es seit ein paar Tagen nur noch ein Gesprächsthema: *Way of Vogue*, die neue Netflix-Serie. Erzählt wird die Geschichte von Gründung, Aufstieg und Siegeszug des international bekannten Modemagazins *Vogue* – inklusive aller Intrigen, Machtkämpfe und Affären, die sich in den mehr als 120 Jahren seit der Gründung des Hefts zugetragen haben. Nahezu jeder in deiner Klasse scheint die Serie zu schauen ... und überraschenderweise sind *alle* begeistert!

Du hörst ihrem Geschwafel nur mit halbem Ohr zu. Mode interessiert dich nicht besonders, Zeitschriften auch nicht, außerdem waren sämtliche »supertollen« Serien, die dir in letzter Zeit jemand empfohlen hat, das genaue Gegenteil: pure Zeitverschwendung.

Willst du trotzdem am Nachmittag mal in die Serie reinschauen (→ **115**)? Fragst du zunächst Bella, genannt »Belle«, die Beauty- und Fashion-Queen deiner Klasse, was sie von *Way of Vogue* hält (→ **192**)? Oder ignorierst du den ganzen Quatsch und widmest dich lieber wichtigeren Dingen (→ **31**)?

136

Charmant und witzig stellst du dich Leon vor, und sofort kommt ihr ins Gespräch. Er kennt noch nicht viele Leute hier, deswegen ist er dankbar für die Kontaktaufnahme. Du witterst eine Chance und fragst, ob er an einem der folgenden Nachmittage vielleicht Lust hat, etwas zu unternehmen. Er hat, und ihr verabredet euch zum Eisessen. Einen Tag später geht ihr zusammen shoppen, einen Tag darauf zum Sport, außerdem führt ihr viele gute Gespräche. Wenn ihr nicht zusammen seid, merkst du, dass deine Gedanken oft um ihn kreisen und du dir wünschst, in seiner Gegenwart zu sein ...

Am Wochenende fragt Leon dich, ob du ihn auf die Party eines alten Freundes in dem Stadtteil begleiten möchtest, wo er früher gewohnt hat. Natürlich sagst du zu. Vielleicht bietet sich im Verlauf des Abends ja eine Gelegenheit, ihm deine Gefühle zu offenbaren?

Die Party erweist sich allerdings als ziemlich lahm. Die Musik ist alt und zu leise, die Gäste sind fast alle älter als du und total steif. Das Highlight des Abends ist die Fruchtbowle, serviert in einem Aquarium voller Plastikfische.

Irgendwann sitzt du neben Leon auf dem Sofa. Eure Arme und Oberschenkel berühren sich, aus der Anlage dringt eine langsame Nummer von Taylor Swift, von der du weißt, dass er sie mag ... Ist jetzt der geeignete Augenblick?

Fasst du dir ein Herz und versuchst, Leon zu küssen (→ **49**)? Oder wartest du auf eine andere Gelegenheit und stärkst dich vor dem entscheidenden Moment lieber noch mit etwas Fruchtbowle (→ **13**)?

137

Kichernd siehst du zu, wie Lisas Handy im Wasser versinkt. Dummerweise beobachtet dich jemand dabei – ausgerechnet Ellen Disatro, eine von Lisas Freundinnen! Sofort rennt sie los, um dich zu verpetzen, und fünf Minuten später stehst du im Büro des Schulleiters, Rektor »Rektum« Niezentotz. Er erteilt dir eine Standpauke darüber, wie unfair es ist, sich am Besitz anderer zu vergreifen und diesen zu beschädigen. Er kündigt dir einen schriftlichen Verweis an. *Mach im vorderen Buchdeckel einen Strich bei* ***CRINGE!*** Als du sein Büro wieder verlassen darfst, musst du dich beeilen, um rechtzeitig in die nächste Stunde zu kommen (→ **299**).

138

Bei der neuen Schülerin handelt es sich um ein Mädchen namens Sophie. Sie hat große grüne Augen und ein sympathisches Lächeln. Unangenehm berührt stellst du fest, dass mehrere deiner männlichen Mitschüler sie unverhohlen anglotzen, während Frau Gmelch das übliche Blabla ablässt.

In der Pause bieten prompt mehrere Jungs Sophie an, ihr »alles an der Schule zu zeigen«. Mit einem müden Grinsen ignorierst du das Schauspiel und gehst zum Kiosk, um dir ein paar Snacks zu besorgen.

Der Rest des Schultags verstreicht ereignislos, und wie immer bist du froh, als du am Nachmittag nach Hause kommst (→ **161**).

139 Nach einer weiteren halben Stunde konzentrierten Nachdenkens kommst du zu dem Schluss, dass es tatsächlich deine Angst vor einem publikumsträchtigen Versagen auf der Jacht von Dr. Feast sein könnte, die dich wach hält. Plus: der absonderliche Gemüseeintopf, den deine Mom zum Abendessen serviert hat und der noch immer gut hörbar durch deine Därme rumpelt.

Du tust, was du schon seit frühen Kindertagen machst, wenn du nicht zur Ruhe findest: Du steckst dir Kopfhörer in die Ohren und startest ein Hörspiel. Im Handumdrehen haben dich die langweilige Handlung und die einlullenden Stimmen der Sprecher so weit heruntergefahren, dass du mühelos einschlummerst. Dein Spiegelbild am nächsten Morgen sieht zwar etwa 70 Jahre älter aus, als du tatsächlich bist, aber immerhin bist du notdürftig einsatzfähig.

Der folgende Schultag verläuft ohne einschneidende Katastrophen. Dennoch bist du erleichtert, als du am Nachmittag die Tür deines Zimmers hinter dir verrammeln kannst (→ **161**).

140 Zum Glück betritt niemand das Klo, während du mit Seifenschaum aus dem Spender unter deinen Achseln herumfuhrwerkst. Am Ende ist der üble Geruch verschwunden – nur für wie lange? Und dein Shirt müffelt natürlich nach wie vor. Verflixt! Niedergeschlagen begibst du dich in die nächste Unterrichtsstunde (→ **299**).

141

Du ignorierst Tariks noch immer zum Abklatschen erhobene Hand und verpasst ihm stattdessen einen Tritt in den Schritt – nicht mit voller Power, aber stark genug, dass er keuchend neben dir zusammensackt. »Spinnst du, Bro?«, stößt er hervor. »Ist das der Dank dafür, dass ich dir die Zeit deines Lebens verschafft habe?«

»Du musst das abblasen, Tarik! Ich kann da nicht hin, solange ich *so* aussehe!« Du deutest auf dein pustelübersätes Gesicht. »Schreib denen, dass ich nicht mehr zur Verfügung stehe, weil ich ein ... äh, ein Stipendium in der Fußballnationalmannschaft bekommen habe. Was auch immer. Aber ich kann da unmöglich hin!«

Tarik, jetzt wieder bei Atem, schüttelt verständnislos den Kopf. »Sorry, Bro ... Du hast doch gesehen, dass die Sache längst offiziell ist. Die Chats brummen mit den News. Ich fürchte, da kommst du nicht mehr raus. Aber warum solltest du das wollen? Hast du etwa Schiss, dich den Leuten zu zeigen? *Al-teeer!* Ein paar Pickel hat doch jeder.«

Der hat gut reden! Es scheint nur einen Weg zu geben, deinen Kopf aus der Schlinge zu ziehen: Du musst dieses Buch zuschlagen und es ganz hinten in deinem Bücherregal verstecken! In diesem Fall **ENDE**t die Geschichte hier.

Solltest du dagegen beschließen, Tariks Vorwurf nicht auf dir sitzen zu lassen, und versuchen, dich bis zum Tag X in einen vorzeigbaren Menschen zu verwandeln → **216**.

142 Kaum eine Stunde später bekommst du Antwort von Mel:

Schweeeiiiß! Riesenprob auch bei mir, als ich in deinem Alter war. Kann man nicht viel tun, außer: täglich duschen, täglich Klamotten wechseln. Aber das machst du bestimmt alles. Lass auf jeden Fall die Finger von krassem Duftzeug! Reizt die Haut und macht alles noch schlimmer. Sorry, dass ich nicht mehr helfen kann!

Das war nicht besonders produktiv (→ **131**).

143 Auch in der zweiten Pause streichst du unruhig über den Schulhof, auf der Suche nach Jan. Als du ihn im normalen Pausenbereich nicht findest, weitest du deine Suche hinter die Sporthalle aus, dann zum Schulgarten ... BÖNK! Im Schulgarten, zwischen hübsch frisierten Ziersträuchern, rennst du beinahe in Jan hinein – in ihn und ein hübsches, sportliches Mädchen aus der Oberstufe, mit dem er gerade heftig knutscht! *What?* So kurz, nachdem du ...

Jan sieht dich – und sein Gesicht verzerrt sich vor Wut. »Spionierst du mir etwa nach?« Du stammelst etwas Dümmliches, aber er fährt bereits fort: »Du hast mir deutlich zu verstehen gegeben, dass ich kein Teil deines Lebens mehr bin. Also halt dich bitte auch aus meinem raus, verdammt noch mal!« Damit fasst er seine neue Freundin bei der Hand und zieht ab.

Das saß! Und als wäre das noch nicht genug, haben ein paar Trottel aus Jans Klasse die ganze Szene durch eine Hecke hindurch beobachtet. In den nächsten Tagen wirst du *das* Gesprächsthema der Schule sein! *Mach im vorderen Buchdeckel einen Strich bei **CRINGE**!*

Der Rest des Tages verstreicht in einem Wirbel aus Wut, Enttäuschung und … *noch mehr* Wut! Wie konnte dir dieser unmögliche Typ bloß schlaflose Nächte bereiten? Als du am Nachmittag nach Hause kommst, bist du zu dem Schluss gelangt, Jan fortan wie Luft zu behandeln. Wie er es verdient (→ **161**)!

144

Du beschließt, dass ein paar Runden *Fortnite: Battle Royale* jetzt genau das Richtige sind, um deine Gedanken wenigstens kurzfristig von deinen stressigen Eltern und der bevorstehenden Reise in die Karibik abzulenken. Auf deiner alten PS3 läuft das Spiel leider nicht, und deinen Laptop, die elende Möhre, brauchst du dafür gar nicht erst anzuwerfen. Stattdessen begibst du dich ins Arbeitszimmer deines Dads und fährst seinen hochgerüsteten Dienst-PC hoch. Minuten später springst du auf dem riesigen, gebogenen Monitor über dem Zielgebiet ab ...

Zwei Stunden lang ballerst du dich mit wechselndem Erfolg durch die Landschaft – als sich plötzlich hinter dir die Klinke der Zimmertür bewegt! Hast du von deinem Dad ein Screentime-Limit aufgebrummt bekommen, das nach wie vor gilt (→ **248**), oder nicht (→ **3**)?

145

Du zückst dein Handy, doch bevor du die Nummer von irgendwem heraussuchen kannst, fällt dir auf, dass du absolut kein Netz hast. Auch am Fenster, wo es normalerweise immer die optimale Anzahl Empfangsbalken gibt, tut sich nichts. Komisch. Möchtest du deinen Dad um Rat fragen (→ **174**)? Oder sagst du dir, dass sich das Problem von allein wieder geben wird, und vertreibst dir die Zeit bis dahin, indem du deiner Mom ein wenig im Garten hilfst (→ **246**)?

146

Bebend vor Zorn marschierst du davon.

»Das war großartig«, ertönt da eine Stimme hinter dir. »Ich habe alles beobachtet. Nicht viele Jugendliche haben sich so gut im Griff wie du!«

Es ist Lea Schlumberger, eine junge, ziemlich beliebte Lehrerin, die du vor zwei Jahren mal kurz in Englisch hattest. »Stimmt es, was Mads gesagt hat, oder wollte er dich nur reizen?«, will sie wissen.

»Das mit dem Schweiß?« Du schaust betreten zu Boden. »Das stimmt leider.«

Lea Schlumberger nickt verständnisvoll. »Das Problem kenne ich gut – in deinem Alter ging es mir genauso. Aber zum Glück kann man etwas dagegen tun.« Sie zieht einen Zettel aus der Tasche und notiert eine Telefonnummer darauf: 7186564. »Wenn du magst, ruf mich demnächst mal an. Dann gebe ich dir ein paar Tipps.« Sie lächelt dir aufmunternd zu und verschwindet. *Notiere ihre Nummer auf der Kontaktliste deines **Steckbriefs**!*

Die letzten beiden Schulstunden verlaufen ereignislos. Erleichtert machst du dich im Anschluss auf den Heimweg (→ **258**).

147 △

Innerhalb von gerade mal zwei Stunden gelingt es dir, den Rechner so einzurichten, wie du ihn haben möchtest. Alles ist da, wo du es brauchst, alle Programme und Apps funktionieren. Ha!

Nach der langen konzentrierten Arbeit bist du zu ausgepowert, um noch etwas Anspruchsvolles zu zocken, also pflanzt du dich aufs Sofa und spielst ein bisschen *Minecraft*.

Nach einer Weile betritt dein Dad das Wohnzimmer. »Hey, what's up, folks? Zocking hard, aye?«

Uuuhhh! Du *hasst* es, wenn er das spricht, was er für »Jugendsprache« hält.

Er wirft einen Blick auf den Monitor. »Ahh, *Bioshock*, wie?«

»Knapp daneben. *Minecraft*.«

»Ah. Klaro. *Minecraft.* Okay.« Er setzt sich und schaut dir eine Weile zu. »Kann ich auch mal?«, fragt er schließlich.

»Du? Wenn du willst ...«

»Klar will ich. Pass mal gut auf: Dein Alter hat's noch voll drauf!«

Du erklärst ihm die Steuerung. Schnell stellt sich heraus, dass es dein Alter eher nicht »voll draufhat«: Selbst nach einer Viertelstunde aufopferungsvollem Training durch dich ist er nicht in der Lage, seine Blickrichtung gezielt zu steuern, geschweige denn irgendetwas mit der Spitzhacke zu craften.

Irgendwann schaut er demonstrativ auf seine Armbanduhr. »Was? So spät schon? Ich ... äh, hab noch zu tun!« Er steht auf und schiebt ab. *Erwachsene* (→ **263**)*!*

148

Neben Massen an handelsüblichem Hausmeisterwerkzeug stößt du auf diverse digitale Geräte und kompliziert verkabelte Elektrokomponenten, wie du sie noch nie gesehen hast. *Was hat dieser krasse* Star Trek-*Krempel in Moepsels Bude zu suchen?*, fragst du dich. Auf einer Arbeitsfläche steht ein eingeschalteter Laptop. Auf dem Desktop entdeckst du eine Datei namens »Labor-Diarium«. Neugierig klickst du sie an. Es ist eine Art Tagebuch, geschrieben von Moepsel und deinem Physiklehrer, Dr. Stanzmeyer. Offenbar haben die beiden hier in den vergangenen Monaten zusammen den merkwürdigen Apparat konstruiert, der vor dir an der Wand steht. Verwirrt liest du Wörter wie »Transfer« oder »Zeitmatrix«, die dir nicht das Geringste sagen. Manchmal sind Bilder eingefügt – täuschend echte Photoshop-Fakes, die Moepsel oder Stanzmeyer vor einer *Jurassic Park*-Szenerie mit

Sauriern oder einer voll besetzten Ritterburg aus dem Mittelalter zeigen. *Was erwachsene Männer alles in ihrer Freizeit machen,* wunderst du dich kopfschüttelnd.

Da erschüttert ein ohrenbetäubender Knall die Werkstatt! Der Boden unter deinen Füßen bebt, Putz rieselt von der Decke. Eine schwarze Rauchwolke quillt aus dem Abteil hinter dem Vorhang. Dann wird der Stoff ruckartig zur Seite gerissen, und Hausmeister Moepsel taumelt aus der Öffnung hervor. Sein Arbeitskittel hängt in Fetzen, Blut läuft über sein Gesicht. Er sieht dich und schreit: »Die Höhlenmenschen haben Stanzmeyer gekillt! Hilf mir, den Transmitter zu zerstören, bevor sie mir folgen! Die Verbindung bleibt nach dem Transfer noch eine Stunde bestehen!« Er greift sich einen Vorschlaghammer und beginnt, wie ein Irrer auf den Apparat einzuschlagen.

Du verstehst kein Wort, aber der verzweifelte Ausdruck in Moepsels Augen macht dir Angst. Schnappst du dir ein Stemmeisen und hilfst ihm, die Maschine in einen Schrotthaufen zu verwandeln (→ **65**)? Versuchst du, Moepsel zu beruhigen und zunächst mehr Informationen von ihm zu bekommen (→ **124**)? Ist dir die ganze Sache nicht geheuer und du nimmst lieber die Beine in die Hand, um Hilfe zu holen (→ **72**)?

149

»Dooodooo! Endlich finde ich dich!«

What the ...? Bei der Person, die da mit wehendem Haar über den Flur heranhopst, handelt es sich um Britta Wickers, deine Lieblingslehrerin. Ihre geröteten Wangen und das Smartphone in ihrer Hand deuten allerdings darauf hin, dass sie mit dir über etwas anderes als die nächste Stunde Kunstunterricht sprechen will.

»Frau W.? Äh ... nett, Sie zu sehen. Was liegt an?«

»Stell dir vor, Dodo: Es hat geklappt! Du bist dabei!«

So sympathisch Britta W. ist, manchmal spricht sie leider in Rätseln ... wie so viele Erwachsene.

»Ich bin wo dabei? Haben Sie meinen getöpferten Godzilla aus dem letzten Halbjahr zu einer Kunstausstellung angemeldet? Ich meine, der war echt gut, aber ...«

»Viiieeel besser!« Sie hält dir das Handy unter die Nase. Auf dem Display ist eine Mail zu sehen, aber ihre Hand zittert so stark, dass du kein Wort lesen kannst.

»Du fliegst in die Karibik, Dodo! Und wirst berühmt!«

Hä? Was redet sie da? Ist sie noch ganz bei Trost?

»Du bist der nächste Non-Promi-Gast bei Dr. Feast!«

Gaaanz langsam fällt bei dir der Groschen, wovon sie da möglicherweise faselt. »Come Feast With Dr. Feast« heißt einer der sieben YouTube-Kanäle eines der bekanntesten und reichsten Influencer der Welt. Dr. Feast, mit bürgerlichem Namen Thomas »Tommy« Covenant, lädt dort einmal im Monat Stars aus Film, Musik und Sport auf seine Luxusjacht in der Karibik ein, wo er ihnen ein erlesenes Menü vorsetzt, zubereitet von internationalen

Spitzenköchen. Ebenfalls dabei ist stets ein jugendlicher Nicht-Promi, jemand ganz Normales. Das Ganze wird live gestreamt, im Schnitt schauen bis zu acht Millionen Menschen zu.

»Wieso sollte Dr. Feast ausgerechnet *mich* ...?«, beginnst du.

Britta W. unterbricht dich: »Weil ich seiner Produktionsfirma deine Daten für die monatliche Verlosung geschickt habe!« Sie wirkt so happy, als hätte sie gerade mit einem einzigen Swipe auf ihrem Smartphone das Welthungerproblem gelöst. »Ich wollte dir etwas Gutes tun, weil ... Du weißt schon. Weil du was Besonderes bist. Ich dachte, wenn einer meiner Schüler es verdient hat ... Ist das denn nicht *fan-tas-tisch?* Du wirst alle Zuschauer mit deinem Lächeln verzaubern, Dodo! Das wird der großartigste Tag deines Lebens!«

Du hältst ihre Hand fest und betrachtest das Handydisplay genauer. Die Mail treibt dir Schweißperlen auf die Stirn und unter die Achseln: Du wurdest wirklich und wahrhaftig auserwählt, am Ende des Monats zu Dr. Feast in die Karibik zu fliegen! Deine Eltern sind angeblich bereits verständigt und haben – ausnahmsweise ohne vorher zu stressen oder dir auch nur einen Ton davon zu sagen – ihr Okay gegeben.

Ein Schweißtropfen rinnt dir von der Stirn ins Auge. Du spürst, wie dir übel wird. Dr. Feasts Jacht liegt immer vor irgendeiner Insel in der Karibik, die Show wird im Hochsommer bei brütender Hitze aufgenommen ...

Betreten schaust du an dir hinunter. Unter deinen Achseln haben sich dunkle Schweißflecken gebildet – mal wieder. Ein vorsichtiges Schnüffeln verrät dir, dass das längst nicht alles ist: Dein Shirt, in den vergangenen Wochen bereits mehrfach durchgeschwitzt, hat den stechenden Schweißgeruch dankbar aufgesogen und verbreitet ihn jetzt großzügig im ganzen Flur.

Bei der Vorstellung, die Reichen und Schönen auf Dr. Feasts Jacht könnten sich betreten umsehen, sobald ihnen dein Duft in die gelifteten Nasen steigt, rinnt dir der salzige Saft gleich noch mal so üppig aus den Poren. *Schreib das Wort IPSNART in die erste Zeile der BUCKETLIST deines* ***Steckbriefs*** *bei Abschnitt* ***300****!*

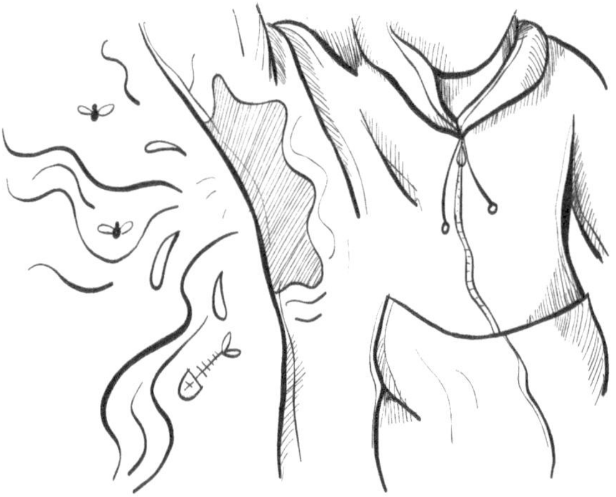

Verzweifelt versuchst du, die Übelkeit niederzukämpfen. Vergeblich. Was, wenn Dr. Feast vor laufenden Kameras eine Bemerkung über den Schweißgeruch macht, der über das Deck seiner Jacht weht? Massivstes Cringe im Godzilla-Format! Und alles dokumentiert im Internet, von wo der Zwischenfall dann nie wieder verschwindet!

Erwachsene – wieso können sie einen nicht einfach in Ruhe lassen? Sobald sie versuchen, einem etwas Gutes zu tun, endet es regelmäßig in einer Katastrophe.

Willst du versuchen, die Einladung zu canceln, um einer grässlichen Blamage zu entgehen (→ **6**)? Oder fügst du dich in dein Schicksal und hoffst, dass du deine Transpiration in den Wochen, die dir bis zum Dinner bleiben, irgendwie in den Griff bekommst (→ **210**)?

150 □

Gemeinsam mit einem knappen Dutzend weiterer Fanklub-Mitglieder schaust du dir diverse Folgen *Way of Vogue* an. Alle sind sich einig, dass die Story allein nicht der Bringer ist, dafür aber der makellose Style sämtlicher Mitwirkenden – ob Frau oder Mann, ob in Rückblenden ins 19. oder 20. Jahrhundert oder in der Haupthandlung in der Gegenwart.

Als du in die Runde fragst, wie es möglich ist, dass selbst die weniger attraktiven Darsteller der Serie so unglaublich gut frisiert, gekleidet und geschminkt sind, erklärt dir jemand, die visuelle Aufmachung aller Schauspieler stamme aus der Hand einer einzigen Stylistin: Erin Manansala. Klubmitglied Kiara zeigt dir eine Zeitung mit einem Artikel über die Dame. Offenbar hat Manansala im vergangenen Jahr einen wichtigen Filmpreis für ihre Stylistinnen-Tätigkeit erhalten. Die Zeitung kommt dir irgendwie bekannt vor … Es ist das Lokalblatt, das auch deine Eltern abonniert haben. Wieso berichtet eure Regionalzeitung über eine international bekannte Person?

»Na, weil sie hier wohnt!«, ruft Kiara und tippt auf den Bericht. Tatsächlich, da steht es: Erin Manansala lebt in deiner Stadt! Könnte sie der Ausweg aus deinem Style-Problem sein? Aber wie an sie herankommen? Möchtest du versuchen, ihre Adresse mithilfe des Internets herauszufinden (→ **240**)? Nimmst du Kontakt zur Zeitung auf – der Verfasser des Artikels weiß bestimmt, wo sie wohnt (→ **78**)? Oder versuchst du zunächst zusammen mit Kiara, auf eigene Faust den unnachahmlichen Style von *Way of Vogue* irgendwie nachzuahmen (→ **120**)?

151

Die Tür ist nicht verschlossen und führt tatsächlich in einen weiteren Werkstattraum. Auch hier herrscht Moepsel-typische Unordnung. Vor der hinteren Wand steht ein Apparat, der dich entfernt an einen dieser altmodischen Passfoto-Automaten erinnert: groß wie ein Kleiderschrank, Türöffnung mit Vorhang, auf der Außenseite mehrere rätselhafte Knöpfe, Hebel und blinkende Lämpchen. Ein durchdringendes Summen geht von der Maschine aus. Aus dem Abteil hinter dem Vorhang flackert das fremdartige Licht hervor, das du durch den Türspalt

wahrgenommen hast. Von Hausmeister Moepsel ist weiterhin nichts zu sehen.

Möchtest du die eigentümliche Maschine näher untersuchen (→ **288**)? Siehst du dich zunächst genauer in der Werkstatt um (→ **148**)? Oder verlässt du den Keller auf direktem Weg wieder und informierst jemanden über deine sonderbare Entdeckung (→ **72**)?

152 △ ○

Du verabredest dich für den Nachmittag auf einem nahe gelegenen Bolzplatz mit ein paar Jungs zum Fußball. Der Kapitän des gegnerischen Teams ist Schulschläger Mads Kobras, dein persönlicher Erzfeind.

Schon bald passiert das Unvermeidliche: Mads foult dich, und du gehst aus vollem Lauf zu Boden, wobei du dir das Knie aufschürfst. Der Schmerz ist so heftig, dass du völlig vergisst, aufzuspringen und Mads eine zu verpassen. Während du dein verunstaltetes Knie anstarrst, taucht plötzlich eine ältere Frau in einem wallenden, mit Batikmustern verzierten Überwurf am Rand des Platzes auf. Sie sieht dich, zieht etwas aus ihrer Gürteltasche, geht neben dir in die Hocke und legt etwas Grünes, Faseriges auf deine Wunde. »Diese Kräuter habe ich eigenhändig bei Neumond gesammelt«, sagt sie, als würde das irgendwas erklären.

Während du noch überlegst, was du erwidern sollst, stellst du plötzlich fest, dass dein Knie nicht mehr wehtut. Vorsichtig hebst du die Kräuterbandage an ... Die Wunde hat aufgehört zu bluten.

»Alternative Medizin.« Lächelnd erhebt sich die Frau und macht Anstalten weiterzugehen. »Solltest du mal Hilfe bei einem körperlichen Gebrechen brauchen: Ich betreibe eine kleine Praxis in der Birkenallee 35. Moerchen ist mein Name. Komm gerne jederzeit vorbei.«

Verdutzt schaust du ihr nach. *Notiere Frau Moerchens Adresse in der* Kontaktliste *deines* ***Steckbriefs!***

Das Match geht 3:2 für dein Team aus, trotz Mads' ständigem Foulspiel.

Als du nach Hause kommst, ist es noch zu früh fürs Abendessen. Was kann man ohne Internet in seiner Freizeit anstellen? Vielleicht ein Buch in die Hand nehmen (→ **15**)?

153

Dein Vater stößt ein zufriedenes Grunzen aus. »Ich hoffe, du erinnerst dich auch noch an den anderen Teil unserer Abmachung?«, fährt er fort.

Abmachung? Pah! Ihr hattet keine »Abmachung«. *Er* hat etwas angeordnet, und *du* sollst gehorchen – wie üblich.

»Ich meine, was wir über gewisse Pflichten und Arbeiten im Haushalt gesagt haben. Dafür, dass du hier mietfrei wohnst, verköstigt wirst, sogar Taschengeld bekommst ... Eine Hand wäscht die andere, weißt du noch?«

Oh nein! Nicht *die* alte Leier wieder! Hätte er sich das nicht für einen anderen Zeitpunkt aufsparen können?

»Hör mal, Paps«, beginnst du diplomatisch. »Ich hab aktuell echt viel um die Ohren und …«

»Der Rasen ist momentan die reinste Katastrophe. Ich hätte gern, dass du ihn heute nach der Schule mähst.«

Du glaubst, deinen Ohren nicht zu trauen! Du sollst stundenlang in der Sonne schuften, damit er sich an seinem blöden Rasen erfreuen kann?

Steht auf der BUCKETLIST deines **Steckbriefs** das Wort GNUMMITS und ist *nicht* durchgestrichen (→ **293**)? Andernfalls → **102**.

154

Während du noch um Worte ringst, spürst du, wie ein Schluchzen in deiner Kehle emporsteigt. Urplötzlich schießen dir Tränen in die Augen – Tränen der Hilflosigkeit und der Wut. Im Handumdrehen sind deine Wangen nass. Deine Sitznachbarin reicht dir ein Taschentuch, während Klinscher dich entsetzt anstarrt. »Das … also … Ich wollte dich nicht …« Offenbar ist ihm die Sache echt unangenehm. Rasch legt er sein Notizbuch, in das er gerade deinen Namen eintragen wollte, beiseite und fährt mit seinem Vortrag über die kirchliche Erneuerungsbewegung fort. Als es wenig später zur Pause klingelt, fühlst du dich wieder ganz okay. Und zum ersten Mal im Leben bist du sogar ein bisschen dankbar für deine instabile Stimmungslage – sie hat dich vor einem ganzen Haufen Arbeit bewahrt (→ **234**).

155 *Wirf einen Blick auf die* Bucketlist *deines* ***Steckbriefs*** *(Abschnitt* ***100****):* Steht ein Wort in der dritten Zeile, egal, ob durchgestrichen oder nicht (→ **230**)? Ist Zeile 3 leer, aber in der zweiten Zeile steht ein Wort, durchgestrichen oder nicht (→ **32**)? Oder ist Zeile 1 die einzige mit einem Wort darin (→ **119**)?

156 Die Party ist erstaunlich gut. Du lernst eine Menge neuer Leute kennen und amüsierst dich prächtig. Vor allem mit einem Pärchen namens Paula und Tim verstehst du dich super, einen Großteil des Abends hängt ihr gemeinsam ab. Tim hustet ab und zu verhalten, aber du misst dem keine große Bedeutung bei ... bis zum nächsten Morgen.

Als du aufwachst, fühlst du dich absolut mies – und hustest ebenfalls. Beim Frühstück verkündet das Radio, bei der Krankheitswelle in Asien handele es sich möglicherweise um eine neue Corona-Variante – zehnmal so ansteckend wie die vor ein paar Jahren! Mit einem mulmigen Gefühl holst du dir einen Selbsttest aus der Vorratskammer und testest dich ...

Karma-Time! Tippe mit geschlossenen Augen auf die Symboltafel im hinteren Buchdeckel. Das Zeichen, das du erwischst, bestimmt, wo es weitergeht:

 oder  oder  → **87**

 oder  → **250**

157 □

Du schreibst Ivo eine Mail und fragst ihn, ob er das Referat für dich ausarbeiten würde. Als Computer-Nerd und Internetspezialist bereiten ihm Dinge wie Online-Recherche, Bilder auftreiben und eine Präsentation basteln viel weniger Probleme als dir.

Seine Antwort folgt kaum zwei Minuten später – kein Wunder, Ivo sitzt jede freie Sekunde am Rechner. Er ist bereit, die Arbeit für dich zu erledigen … für eine exakt aufgelistete Zusammenstellung an ungesunden Snacks – *und* wenn du ihm zwei Abende lang beim *World of Warcraft*-Zocken zuschaust. Seufzend besiegelst du den Deal.

Ein paar Tage später schickt Ivo dir wie versprochen eine Datei mit dem Text sowie eine PowerPoint-Präsentation. Wie erwartet, ist inhaltlich und technisch alles auf höchstem Level. Du klickst die Präsi einmal probehalber durch, dann liest du den Text so oft, dass du ihn fast auswendig beherrschst.

Am Tag des Referats leerst du deinen Kopf und ratterst den Stoff herunter, ohne richtig auf deine Notizen schauen zu müssen. Als du fertig bist, siehst du bei deinen Mitschülern etliche offen stehende Münder. Klinscher ist gleichermaßen irritiert wie begeistert. »Das … hätte ich nie erwartet«, bekennt er und verpasst dir eine fette Eins. *Mach im vorderen Buchdeckel einen Strich bei* ***FAME****!*

Auf dem Nachhauseweg kaufst du eine ganze Umhängetasche voller Snacks für Ivo, die du ihm demnächst vorbeibringen musst, dann crashst du zu Hause verdientermaßen auf deinem Bett (→ **106**).

158

Mit ein paar schnellen Schritten bist du an Leons Seite und informierst ihn, dass einer seiner Begleiter ihm stark koffeinhaltige Limo ins Glas getan hat. Kurz fürchtest du, er könnte dir übel nehmen, dass du dich in seine Angelegenheiten einmischst – er kennt dich ja kaum, und diese Jungs sind seine Freunde. Da dreht sich Leon zu dem Jungen um, der seinen Drink gepimpt hat, und schüttet ihm den Cocktail kurzerhand über die Hose. Dann verlässt er wütend das Bowlingcenter.

Am folgenden Montag kommt Leon auf dem Schulhof zu dir und bedankt sich. Wie er dir erklärt, hat er eine extreme Unverträglichkeit für Koffein. Der »kleine Scherz« seines Kumpels hätte zu einem Kreislaufkollaps führen können. Leon erklärt, dass er dem betreffenden Jungen die Freundschaft gekündigt habe. Du witterst eine Chance und fragst ihn, ob er nicht mal was mit dir unternehmen möchte. Er willigt ein.

In den folgenden Tagen geht ihr zusammen zum Sport, shoppen, spazieren und führt etliche gute Gespräche. Exakt eine Woche nach dem Zwischenfall im Bowlingcenter sitzt ihr zusammen vor deinem Lieblingsbistro und seht euch in die Augen. Niemand sagt etwas. Alles scheint klar. Oder? Du fasst dir ein Herz, beugst dich vor und versuchst, ihn zu küssen …

Karma-Time! Tippe mit geschlossenen Augen auf die Symboltafel im hinteren Buchdeckel. Das Zeichen, das du erwischst, bestimmt, wo es weitergeht:

⛤ oder 🪷 → **252**

ॐ oder ☀ oder ☯ → **103**

159

BLITZ! Geblendet von einem grellen Licht taumelst du aus der Maschine – und glaubst, deinen Augen nicht zu trauen: Du stehst an Deck einer Galeere, wie du sie eigentlich nur aus Geschichtsbüchern kennst! Jenseits einer hölzernen Reling schäumen die Wogen des Ozeans, über deinem Kopf bauschen sich riesige weiße Segel im Wind … und darüber flattert eine schwarze Flagge mit einem weißen Totenschädel darauf!

»ARRRH!«, tönt auf einmal eine Stimme ganz in deiner Nähe. »Wen haben wir denn da? Einen blinden Passagier?«

Die Stimme gehört einem fast zwei Meter großen, vollbärtigen Mann mit Kopftuch und Dreispitz-Hut. Eine Flasche Rum in einer Hand, die andere auf dem Knauf eines Säbels an seinem Gürtel, stakst er über die Decksplanken auf dich zu. »Oder haben wir dich in Port Royal an Bord genommen, um den Schiffsjungen zu ersetzen, der uns auf so tragische Weise verlassen hat?« Er nimmt einen großen Schluck Rum. Hinter ihm tauchen weitere Männer auf, ebenfalls alle bärtig und in abgewetzten Klamotten. »Wir mussten ihn über die Planke jagen«, fährt der Hüne mit dem Dreispitz fort, »weil er sich den Wünschen von Captain Goose widersetzt hat! Schade um ihn. War ein süßer Fratz!« Er rülpst durchdringend und mustert dich von oben bis unten. »Du bist aber auch zum Anbeißen. Komm her und lass dir von Captain Goose einen kleinen Willkommensschmatzer aufdrücken!« Mit geschlossenen Augen, die Lippen gespitzt, wankt der Piratenkapitän auf dich zu. Willst du zulassen, dass er dich küsst (→ **47**)? Oder wehrst du seinen Annäherungsversuch mit beiden Armen ab und weichst zurück (→ **175**)?

160 Gemeinsam mit einem knappen Dutzend weiterer Fanklub-Mitglieder schaust du dir diverse Folgen *Way of Vogue* an. Der makellose Style sämtlicher Mitwirkenden – ob Frau oder Mann, ob in Rückblenden ins 19. oder 20. Jahrhundert oder in der Haupthandlung in der Gegenwart – ist bemerkenswert. Aber die Story an sich kann dich nicht auf Dauer fesseln. Als einige Klubmitglieder dann anfangen, schmalzige Liebesbriefe an ihre Lieblingsdarsteller zu verfassen, beschließt du, ihre Treffen nicht länger zu besuchen (→ **61**).

161 Am Nachmittag, einmal mehr allein in deiner Bude, grübelst du darüber nach, was du noch unternehmen kannst, um dich für deinen Auftritt vor einem internationalen Streaming-Publikum in Form zu bringen. Wie sollst du es bloß schaffen, die Millionen vor den Bildschirmen souverän anzugrinsen? Gibt es niemanden, bei dem du Rat und Hilfe suchen könntest?

Wenn du jemanden anrufen möchtest, dessen Telefonnummer sich auf deiner KONTAKTLISTE (Abschnitt **100**) befindet, addiere alle Ziffern dieser Nummer, und lies den Abschnitt, der ihrer Summe entspricht. Möchtest du jemanden persönlich aufsuchen, lies den Abschnitt, der der Hausnummer der betreffenden Adresse gleicht. *(Achtung: Du kannst jede Nummer und jede Adresse im Verlauf der Geschichte nur einmal nutzen!)*

Hast du für den Moment genug Anrufe und Besuche getätigt oder keine ungenutzten Kontakte mehr zur Verfügung (→ **155**)?

Rich

162 Du schnauzt Lisa an, was ihr einfällt, dich so zu behandeln. Doch du kommst nicht weit.

»Haben dir deine Eltern keine Manieren beigebracht?«, unterbricht sie dich in schnippischem Ton. »Man labert nicht ungefragt rein, wenn sich Erwachsene unterhalten!« Damit wendet sie sich wieder Aldo zu, der die Parade mit einem amüsierten Kichern quittiert. *Mach im vorderen Buchdeckel einen Strich bei* ***CRINGE****!*

Du spürst brodelnde Wut in dir aufsteigen, und für einen kurzen Augenblick juckt es dich in den Fäusten, der dummen Gans eine zu scheuern. Aber du reißt dich zusammen. Gewalt ist keine Lösung und würde dich nur in die nächste unangenehme Situation bringen. Schäumend lässt du die beiden grinsenden Idioten stehen und gehst nach drinnen, wo kurz darauf die nächste Stunde beginnt (→ **299**).

163 Bei Nacht und Nebel wirfst du deine wichtigsten Besitztümer – Handy, deinen schrottigen Laptop, knapp 200 mühsam zusammengesparte Euro und ein Dutzend saubere Unterhosen – in deine Sporttasche. Deinen Eltern hinterlässt du einen gepfefferten Abschiedsbrief, in dem du deutlich machst, dass du dir ihre unfaire Behandlung nicht länger gefallen lässt und die Zeit der Bevormundung nun ein für alle Mal vorbei ist. Dann kletterst du aus dem Fenster, wanderst zum nahe gelegenen Autobahnzubringer und reist per Anhalter zum östlichsten Rand der Republik. Dort, in einer abgelegenen Kleinstadt, kommst du unter falschem Namen in einer zwielichtigen WG unter. Durch deine Mitbewohner lernst du ein paar Wochen später einen Unternehmer kennen, der mit Fledermausguano handelt, dem Kot der nachtaktiven kleinen Flattermänner. Dieser bemerkenswert wirksame Dünger wird in einem unterirdischen Bunkersystem gesammelt und anschließend verkauft. Und du wirst als neuer Aushilfssammler eingestellt! Die folgenden Jahre deines Lebens verdienst du dir deinen Lebensunterhalt damit, Fledermauskacke von Steinen zu kratzen. Irgendwie auch eine Karriere. Ob du je nach Hause zurückkehrst, ist eine andere Geschichte – aber sie wird nicht in diesem Buch erzählt.

ENDE

164

Karma-Time! Tippe mit geschlossenen Augen auf die Symboltafel im hinteren Buchdeckel. Das Zeichen, das du erwischst, bestimmt, wo es weitergeht:

ॐ oder ☀ oder ☯ oder 🪷 → **207**

⛤ → **18**

165

Du folgst den neuesten Netflix-Empfehlungen und schaust dir einige Folgen einer Horrorserie namens *Blood Maze* an, dann ein paar Episoden von *Fire Factory*, dem neuen Comedy-Hit mit Staraufgebot, und sogar einige von *Cuddle Combat*, einem Cartoon, der erfolglos versucht, auf den Spuren von *Dragon Ball* zu wandeln. Am Ende sind etliche kostbare Tage verstrichen, und du hast absolut nichts dazugelernt, was dein Styling oder dein generelles Erscheinungsbild verbessern könnte. Höchste Zeit, sich wieder wichtigen Dingen zuzuwenden (→ **51**)!

166 Am folgenden Morgen versuchst du, dich während des Anziehens ein bisschen zu motivieren: Du bist auf einem guten Weg, dich für den Livestream einigermaßen aufzumöbeln, die Sonne scheint, der Tag wird bestimmt super ... In diesem Moment fällt dein Blick auf den großen Spiegel an deinem Kleiderschrank. Was hast du dir bloß dabei gedacht, als du neulich diese Löcher in die Hose geschnitten hast – hättest du die nicht woanders platzieren können? Und überhaupt: Wie bist du auf den Gedanken gekommen, dass dir diese weiten Schlabberdinger stehen? Und diese Sneaker! Die waren schon ziemlich un-fire, als sie noch neu und sauber waren – was sie jetzt echt nicht mehr sind. Und dann erst deine Frisur! So zu tun, als würde man sich gar nicht stylen, mag von der Idee her ja ganz witzig sein ... aber es sieht eben leider auch total ungestylt aus!

Die Erkenntnis trifft dich wie ein Schwall Eiswasser bei der Ice-Bucket-Challenge: Dein Style ist mehr als bodenlos! Wenn du so bei Dr. Feast aufläufst, bist du im Handumdrehen *die* Lachnummer von Timbuktu bis Feuerland. Da muss etwas passieren! *Schreib das Wort ELYTS in die zweite Zeile deiner* Bucketlist *(bei Abschnitt **300**)*, anschließend → **135**.

167

Du schreibst Ivo eine Mail und fragst ihn, ob er das Referat für dich ausarbeiten würde. Als Computer-Nerd und Internetspezialist bereiten ihm Dinge wie Online-Recherche, Bilder auftreiben und eine Präsentation basteln viel weniger Probleme als dir.

Seine Antwort folgt kaum zwei Minuten später – kein Wunder, Ivo sitzt jede freie Sekunde am Rechner. Er ist bereit, die Arbeit für dich zu erledigen ... für eine exakt aufgelistete Zusammenstellung an ungesunden Snacks – *und* wenn du ihm zwei Abende lang beim *World of Warcraft*-Zocken zuschaust. Seufzend besiegelst du den Deal.

Ein paar Tage später schickt dir Ivo wie versprochen eine Textdatei sowie eine PowerPoint-Präsentation. Wie erwartet, ist inhaltlich und technisch alles auf höchstem Level. Du klickst die Präsi einmal probehalber durch, dann liest du den Text so oft, dass du ihn fast auswendig beherrschst.

Am Tag des Referats leerst du deinen Kopf und ratterst den Stoff herunter ... oder du versuchst es zumindest. Denn natürlich macht dir deine Stimme mal wieder einen Strich durch die Rechnung: *Krächz, pieps, räusper, krächz* ... Schon fangen die Ersten in der Klasse an zu lachen. Da tritt Dr. Klinscher vor – wer hätte damit gerechnet? – und scheißt die Kicherer vor versammelter Mannschaft zusammen. Stimmbruch sei etwas völlig Normales und diejenigen, die das nicht akzeptierten, Dummköpfe, tönt er. Dann lobt er deinen Mut, trotz deiner eingeschränkten stimmlichen Möglichkeiten vor die Klasse zu treten. Ermutigt beendest du das Referat. Keiner lacht mehr. Für deine Leistung bedenkt Klinscher dich im Anschluss mit einer Eins. *Mach im vorderen Buchdeckel einen Strich bei* ***FAME!*** Was für ein Tag (→ **106**)!

168 Mit großen Augen schaut Klinscher Tamara an. »Ach? Ist das so, Tamara? Das war mir nicht bewusst. Würdest du das Referat zu Luther gern übernehmen?«

Karma-Time! Tippe mit geschlossenen Augen auf die Symboltafel im hinteren Buchdeckel. Das Zeichen, das du erwischst, bestimmt, wo es weitergeht:

☯ oder 🪷 → **71**
⛤ oder ॐ oder ☀ → **220**

169 Du bist ein bisschen aus der Übung, was Briefeschreiben angeht, außerdem fällt es dir nicht gerade leicht, deine wirren Gefühle in Worte zu fassen. Nach etlichen Anläufen, die alle im Mülleimer landen, hältst du schließlich eine volle A4-Seite in den Händen, gefüllt mit Sätzen, die du alle ernst meinst.

Mit klopfendem Herzen bittest du deine Mom um eine Briefmarke – so was gibt es *immer noch!* – und wirfst deinen Brief in den nächsten Postkasten.

Am Tag darauf passiert ... nichts. Klar, so ein Brief braucht natürlich länger als eine Textnachricht.

Am folgenden Tag geschieht wieder nichts. Der Brief müsste doch mittlerweile bei Hannah angekommen sein, oder? Nein? Doch?

Auch der nächste Tag bringt keine Reaktion. Allmählich beginnst du zu glauben, dass die Sache mit dem Brief doch eher eine saudoofe Idee ... *Pinggg!* Da: eine Textnachricht! Von Hannah! Sie hat sich sehr über deinen Brief gefreut und möchte am Nachmittag mit dir Bubble Tea trinken gehen!

Mit klopfendem Herzen gehst du zu dem Treffen ...

Alles verläuft gut. Mehr als das: Hannah gesteht dir, dass sie sich zwischenzeitlich mit jemand anderem getroffen hat, das aber irgendwie nichts Echtes war. Dein Brief habe ihr klargemacht, dass sie nur für dich wahre Gefühle empfindet. Ob du dir eventuell vorstellen könntest, ihr noch eine zweite Chance zu geben ...?

Was für eine Frage! Du beantwortest sie mit einem Kuss. In dem folgenden langen Gespräch berichtest du ihr, was in deinem Leben gerade abgeht. Als sie hört, dass du in Kürze in die Karibik fliegen sollst, um Dr. Feast zu treffen, bietet sie an, dich zu begleiten. Das wäre der Hammer – *mit Partnerin* zum Dinner aufzulaufen, würde unendlich viel souveräner wirken als allein! *Kreise das bereits angekreuzte Wort GIRL auf deinem* ***Steckbrief*** *zusätzlich ein.* Überglücklich kehrst du nach Hause zurück (→ **161**).

☐ **170** Du nimmst Britta Wickers die Hälfte ihres Materials ab und trägst es gemeinsam mit ihr hinauf zum Kunstsaal. Dort sind bereits mehrere wassergefüllte Wannen und Eimer aufgebaut. »Ich mache Pappmaché mit den Kleinen«, erklärt sie. »Damit es nachher schneller geht, wollte ich jetzt schon anfangen, es anzusetzen. Hast du Lust mitzumachen?«

Da du nichts Besseres vorhast, hilfst du Britta Wickers für den Rest der Pause dabei, Papier in Fetzen zu zerreißen, es einzuweichen und Kleister anzurühren. Währenddessen unterhaltet ihr euch. Du berichtest ihr von dem Druck, der wegen der drohenden Dr.-Feast-Sache auf dir lastet, und dass dein Stresslevel durch einige ihrer Kollegen noch mal drastisch erhöht wird. Wie immer hört dir Britta Wickers aufmerksam zu und hakt nach, welche Lehrer dir aktuell besonders zusetzen. Als der Pausengong ertönt, wäschst du dir die Hände und verabschiedest dich (→ **234**).

171 Am Nachmittag, einmal mehr allein in deiner Bude, grübelst du darüber nach, was du noch unternehmen kannst, um dich für deinen Auftritt vor einem internationalen Streaming-Publikum in Form zu bringen. Wie zum Henker sollst du es bloß schaffen, die Millionen vor den Bildschirmen souverän anzugrinsen? Gibt es niemanden, bei dem du Rat und Hilfe suchen könntest?

Wenn du jemanden anrufen möchtest, dessen Telefonnummer sich auf deiner KONTAKTLISTE (Abschnitt **200**) befindet, addiere alle Ziffern dieser Nummer, und lies den Abschnitt, der ihrer Summe

EFT

entspricht. Möchtest du jemanden persönlich aufsuchen, lies den Abschnitt, der der Hausnummer der betreffenden Adresse gleicht. *(Achtung: Du kannst jede Nummer und jede Adresse im Verlauf der Geschichte nur einmal nutzen!)*

Hast du für den Moment genug Anrufe und Besuche getätigt oder keine ungenutzten Kontakte mehr zur Verfügung (→ **79**)?

172 Schulterzuckend verlässt deine Mom das Zimmer. Endlich. Du bleibst noch eine Viertelstunde liegen und tust dir selber unendlich leid, dann schleppst du dich unter die Dusche. Als du wenig später das Haus verlässt, fragst du dich, weshalb du eigentlich zur Schule gehen sollst. Dort versteht dich erst recht keiner. Die anderen Schüler nerven mindestens genauso wie die Lehrer, und bei deinen wahren Problemen hilft dir der veraltete, lebensferne Kram, den sie einem dort beibringen wollen, sowieso nicht!

Beschließt du, die Schule sausen zu lassen und lieber in die Stadt zu gehen, allein mit dir und deinen Gedanken (→ **16**)? Oder überwindest du dich, gehst zur Schule und gibst dich doch der niemals endenden, ziellosen Tretmühle des Unterrichts hin (→ **90**)?

173

Ungesehen schleichst du über die vielen Decks der *Mastodon.* Irgendwann dämmert es. Oben auf dem Sonnendeck werden Scheinwerfer um einen langen Tisch herum aufgebaut. Dort wird in Kürze »Come Feast With Dr. Feast« starten – ohne dich! Niedergeschlagen stehst du am Heck der Jacht und starrst über die Reling hinaus aufs Meer. Du hast gehört, in diesen Gewässern gebe es auffallend viele Haie ... Tatsächlich: Als du genau hinschaust, kannst du im Licht der untergehenden Sonne mehrere der charakteristischen dreieckigen Rückenflossen im Wasser ausmachen.

Du willst dich gerade umdrehen und zurück zu deiner Kabine gehen, als aus einer gläsernen Schiebetür eine Gestalt ins Freie tritt, die du sofort wiedererkennst: Elonia Bezok! Sie hat ihr Handy zwischen Kinn und Schulter geklemmt und versucht, gleichzeitig zu telefonieren und sich eine Zigarette anzuzünden. Ohne dich zu bemerken, eilt sie in deine Richtung. Erst kurz vor dem Zusammenprall sieht sie auf. *»Du?«* Irritiert versucht sie, dir auszuweichen. Dabei gleitet ihr Smartphone zwischen Kinn und Schulter hervor und verschwindet über die Reling im Wasser. Mit einer instinktiven Bewegung versucht Elonia Bezok, das Gerät mit den Händen noch aufzuhalten – und kippt dabei selbst über den Handlauf! Ein lautes Platschen, gefolgt von verzweifeltem Paddeln und leisen, glucksenden Hilferufen ... Offenbar kann die Bezok nicht schwimmen!

Schnappst du dir einen der Rettungsringe, die überall hängen, und versuchst, die Produzentin zu retten (→ **34**)? Oder hast du zufällig gerade *ganz dringend* etwas anderes zu tun (→ **183**)?

174 An der ernsten Miene deines Dads kannst du ablesen, dass irgendetwas nicht stimmt. Und damit sollst du recht behalten:

»Das Internet ist futsch«, eröffnet er dir. Bevor du ihn auslachen kannst, fährt er fort: »In ganz Europa sind seit etwa zwanzig Minuten Onlinedienste und Satellitenverbindungen gestört – kein Handynetz mehr, kein GPS, kein Internet. Und niemand weiß, warum.«

Er meint es tatsächlich ernst! Rasch suchst du Telefon und Tablet und versuchst, damit eine Verbindung zum Netz herzustellen – vergeblich (→ **89**)!

175 Deine Zurückweisung versetzt Captain Goose in rasende Wut. »*ARRRH!* Noch so eine aufsässige kleine Ratte! Über die Planke mit der Kreatur, Männer!«

Von allen Seiten kommen Piraten auf dich zu. Panisch weichst du in Richtung Zeitmaschine zurück. Als Goose deine Absicht durchschaut, gibt er einem der Männer ein Zeichen. Dieser dreht eine der schweren Kanonen am Decksrand in deine Richtung und entzündet die Zündschnur. Du machst einen Hechtsprung in die Zeitmaschine und schlägst auf den Return-Buzzer ein – nicht schnell genug! Just als es vor deinen Augen grell aufblitzt, ertönt hinter dir der ohrenbetäubende Knall des altmodischen Geschützes. Die Kanonenkugel schlägt im selben Moment in die Zeitmaschine ein, in dem du mitsamt dem Apparat wieder in der Hausmeisterwerkstatt auftauchst. Ein zweiter Knall ertönt, lauter als der erste, gefolgt von einer grellen Stichflamme. Eine Druckwelle schleudert dich quer durch die Werkstatt. Du schlägst mit dem Kopf gegen etwas Hartes, und das Licht geht aus (→ **33**).

176

Du spielst deine Leiden so überzeugend, dass deine Mom sich große Sorgen macht. Nicht einmal während des Fiebermessens weicht sie von deiner Seite. Mist! Wie sollst du jetzt das Thermometer manipulieren, wie du es eigentlich vorhattest? So ist deine Temperatur am Ende natürlich völlig normal. Auch als deine Mom deinen Blutdruck misst, belegt das Ergebnis lediglich, dass du bei bester Gesundheit bist. Während du noch stammelst, du seist aber todkrank, kommt dein Vater herein und fordert dich auf, dich nicht so anzustellen. Nach dem Frühstück fährt er dich dann höchstpersönlich mit dem Auto zur Schule.

Die folgende Geschichtsstunde bei Dr. Klinscher endet in einem Desaster. Nicht nur kassierst du eine Sechs, Klinscher macht dich außerdem noch formschön zur Schnecke wegen »Pflichtvergessenheit«, »Faulheit« und »Unverständnis modernen Lehrmethoden gegenüber«. Als er endlich aufhört, ist dein Kopf so rot wie eine Tomate, und du fühlst dich, als wärst du noch exakt zwei Zentimeter groß. *Mach im vorderen Buchdeckel einen Strich bei* ***CRINGE!***

Dies war mit Abstand der übelste Schultag seit Langem, überlegst du auf dem Nachhauseweg. Wäre da nicht noch dieser *andere* Tag, demnächst in der Karibik, an dem *noch viel mehr* schiefgehen kann … (→ **106**)

177 **Karma-Time!** Tippe mit geschlossenen Augen auf die Symboltafel im hinteren Buchdeckel. Das Zeichen, das du erwischst, bestimmt, wo es weitergeht:

 oder  → **5**

 oder  oder  → **321**

178 Du machst dir einen Spaß daraus, deinem ganzen Umfeld in höchsten Tönen den heißesten Hit der Gegenwart anzupreisen: *TubbyBears.* »Noch nicht gesehen? Musst du! Hammer! *Bingewatching* lautet die Parole, Digga!«

Dummerweise kapieren die wenigsten deiner Mitschüler, dass die Empfehlung als Scherz gemeint ist und lediglich ihre schafsmäßige Herdenbegeisterung über irgendeine doofe neue Serie parodieren soll. Als Folge erntest du am laufenden Band schräge Blicke und findest dich in den Pausen allein im Schulhof stehend. Wen wundert's: Jeder weiß, dass du bei *Way of Vogue* nicht mitreden kannst. *Mach im vorderen Buchdeckel einen Strich bei* ***CRINGE*** (→ **51**)*!*

179

Die Entscheidung ist gefallen: DU BIST IDA!

Bei Abschnitt **100** findest du deinen **Steckbrief**. Knick eine Ecke der betreffenden Seite um, damit du ihn jederzeit leicht findest. Dort kannst du während der Geschichte Eintragungen vornehmen, zum Beispiel wenn du Kontaktdaten von Personen erhältst oder sich etwas an deiner BUCKETLIST ändert. Besorg dir dazu am besten einen Bleistift. Den brauchst du auch, um noch eine Sache zu erledigen, bevor es losgeht: Du musst bestimmen, für wen du (Ida) dich in Sachen Liebe am ehesten interessierst: Für Jungs mach in der Rubrik CRUSH ein Kreuz in das Kästchen BOY, für Mädchen bei GIRL. Hast du für Knutscherei und Händchenhalten eher nichts übrig, setz ein Kreuz bei NIX.

Wichtiger Hinweis: Die folgende Geschichte wird für Ida an vielen Stellen anders verlaufen als für Kilian oder Dodo. Solltest du beim Lesen zu einem Abschnitt kommen, vor bzw. hinter dessen Nummer dieses Symbol steht: △ , bedeutet das, *dass du diesen Abschnitt nicht lesen musst.* **Ziehe stattdessen 20 von seiner Nummer ab** und lies beim entsprechenden Abschnitt weiter!

Jetzt aber zurück zu deiner Freistunde und der vertrauten Gestalt, die da so aufgeregt angestolpert kommt … (→ **289**)

180 Du nimmst Britta Wickers die Hälfte ihres Materials ab und trägst es ihr hinauf zum Kunstsaal. Dort sind bereits mehrere wassergefüllte Wannen und Eimer aufgebaut. »Ich mache Pappmaché mit den Kleinen«, erklärt sie. »Damit es nachher schneller geht, wollte ich jetzt schon anfangen, es anzusetzen. Hast du Lust mitzumachen?«

Da du nichts Besseres vorhast, hilfst du Wickers für den Rest der Pause dabei, Papier in Fetzen zu zerreißen, es einzuweichen und Kleister anzurühren. Währenddessen unterhaltet ihr euch. Du berichtest ihr von dem Druck, der wegen der drohenden Dr.-Feast-Sache auf dir lastet, und dass dein Stresslevel durch einige ihrer Kollegen noch mal drastisch erhöht wird. Wie immer macht deine Stimme dabei, was sie will – du krächzt und kiekst, bis du irgendwann mit hochrotem Gesicht verstummst.

»Dich hat der Stimmbruch ja echt erwischt«, sagt Britta Wickers betroffen.

Du nickst. »Blöd, dass man nichts dagegen machen kann …«

»Gegen den Stimmbruch nicht«, stimmt sie zu. »Aber eine bessere Kontrolle über die eigene Stimme kann man sich immer antrainieren, egal, in welchem Alter.« Sie wischt sich die Hände ab und sucht einen Kontakt auf ihrem Handy heraus. »Wenn du magst, besuch doch mal meine Logopädin, Dr. Kat Narina. Sie hat mir geholfen, als ich wegen des ständigen lauten Sprechens im Unterricht chronisch heiser war. Zaubern kann sie nicht, aber vielleicht hat sie ein paar hilfreiche Tipps für dich? Sie wohnt in der Hohlstraße 39.« *Notiere die Adresse der Logopädin auf der Kontaktliste deines* ***Steckbriefs****!*

Zum Abschied erkundigt sich Wickers, welche Lehrer dir aktuell besonders zusetzen. Dann ertönt der Pausengong. Du wäschst dir die Hände und verabschiedest dich (→ **234**).

181

Der nächste Schultag verläuft erstaunlich unauffällig – weder Mitschüler noch Lehrer nerven übermäßig. So könnte es gern öfter sein ... wenn man schon zur Schule gehen muss!

Nach der sechsten Stunde – Deutsch – fragt dich Klassenlehrerin Frau Gmelch, ob du in der Mittagspause netterweise ihren Fahrradkorb aus der Schulwerkstatt abholen könntest, den sie Hausmeister Moepsel zum Reparieren gegeben hat. In der Hoffnung, dass kleine Botengänge – genau wie kleine Geschenke, die eine Freundschaft erhalten – vielleicht deiner Mitarbeitsnote in Deutsch guttun, willigst du ein, das Ding zum Lehrerzimmer zu bringen.

Auf dem Weg in den Keller, wo sich die Werkstatt befindet, kommst du an der Schulmensa vorbei. Die Essensdüfte erinnern dich daran, dass deine Eltern heute den ganzen Tag unterwegs sind und dich daheim bestenfalls eine Scheibe trockenes Brot erwartet. Willst du dir rasch einen Imbiss genehmigen (→ **292**), oder bringst du zuerst deinen Botengang zu Ende (→ **7**)?

182 Neben dir steht Mads. Und wie immer hat er seine beiden hirnlosen Zombiekumpel dabei, Malik Szabi und Thomas Olg. Offenbar ist er nicht gewillt, die Blamage vom Spielfeld auf sich sitzen zu lassen. In drohender Haltung kommt er auf dich zu ... Bevor du darüber nachdenken kannst, ob dich dieser Klotz tatsächlich schlagen würde, biegen drei Mädchen aus deiner Klasse um die Ecke. Sie interpretieren Mads' Pose korrekt und eilen heran, wobei sie Mads und seine beiden Halbaffen lautstark beschimpfen. Immer mehr Schüler werden auf die Auseinandersetzung aufmerksam, bis schließlich Kunstlehrerin Britta Wickers auftaucht, die Pausenaufsicht hat. Da endlich zieht sich Mads zurück – nicht ohne dir noch schnell den Stinkefinger zu zeigen.

Das ging gerade noch mal gut!

Die letzten beiden Schulstunden verlaufen ereignislos. Erleichtert machst du dich im Anschluss auf den Heimweg (→ **238**).

183

Du widmest dich der anspruchsvollen Aufgabe, deine Sneaker neu zu binden. Als ein paar Minuten später alles zu deiner Zufriedenheit ist, hat das Platschen im Wasser aufgehört. Gemächlich ziehen Dutzende dreieckige Rückenflossen im Wasser rings um die Jacht ihre Kreise ...

Als du zu deiner Kabine zurückkehrst, soll der Livestream beginnen – aber Elonia Bezok ist nicht da. Und ohne ihre Aufsicht funktioniert nichts an Bord. Eine hektische Suchaktion wird gestartet – erfolglos. Die Crew kann nichts tun, als den Livestream abzusagen.

Am folgenden Tag fliegst du zurück nach Hause. Dort erklärst du jedem, der dich fragt, dass du dir beim besten Willen nicht erklären kannst, was in der Karibik geschehen ist, und wie *jammerschade* es sei, dass der Stream ausfallen musste. Denn natürlich wärst du dabei gewesen! Man glaubt dir und bedauert dich dafür, dass dir dieses Jahrhundertevent durch die Lappen gegangen ist.

Das ging gerade noch mal glimpflich aus! Ein schlechtes Gewissen hast du nicht. Elonia Bezok hat dich wegen ein paar alberner Macken übel runtergemacht, die in der Pubertät völlig normal sind und die du spätestens in ein paar Jahren los sein wirst. Wer weiß – vielleicht wirst du dann selbst eine berühmte YouTube-Persönlichkeit? Wie die Presse meldet, markiert Elonia Bezoks Verschwinden das Ende von »Come Feast With Dr. Feast« sowie eines Großteils von Tommy Covenants sonstigen Unternehmungen. Das bedeutet, im Netz ist gerade ein vielversprechender Slot frei geworden! Was du in den nächsten Jahren daraus machst, ist eine andere Geschichte ...

ENDE

184 Du suchst dir ein Plätzchen auf den Stufen des Marktbrunnens, steckst dir Stöpsel in die Ohren und drehst die Musik auf. Leider trägt deine aktuelle Playlist nicht dazu bei, dass du dich besser fühlst: Nach drei extrem emotionalen Titeln laufen dir Tränen wie Sturzbäche über das Gesicht. Zum Glück sorgen die warme Mittagssonne und die zurückliegenden schlaflosen Nächte bald dafür, dass du in einen sanften Schlummer fällst ... quer hingestreckt über die Treppenstufen, mit verheultem Gesicht. Es passiert, was passieren muss: Nach Schulschluss kommen mehrere deiner Mitschüler auf ihrem Nachhauseweg hier vorbei. Lisa Zinß, die Oberzicke aus deiner Klasse, macht von dem Bild des Elends, das du bietest, kurzerhand einen Handy-Schnappschuss. Der dürfte sich am nächsten Morgen bei der Hälfte deiner Klassenkameraden auf dem Handy wiederfinden ... *Mach im vorderen Buchdeckel einen Strich bei **CRINGE**!* Als du schließlich wach wirst, schleichst du mit eingezogenem Kopf zurück nach Hause. Was für ein überflüssiger, deprimierender, dämlicher Tag (→ **63**)!

185 »Du musst das rückgängig machen, Pi!«, flehst du. »Schreib denen, du hättest dich vertan ... dass es mich in Wahrheit überhaupt nicht gibt. Dass ich schwer krank bin. Oder tot! Mir egal. Hauptsache, ich muss da nicht hin!«

Pia sieht dich an, als hättest du ihr gerade gestanden, dass du in deiner Freizeit gern kleine Kätzchen quälst. »Bist du noch klar im Kopf? Eine Einladung zu Dr. Feast ist das Größte, was jemandem in unserem Alter passieren kann! Hast du eine Ahnung, wie viele Jugendliche ihre Oma dafür verkaufen würden, um da mitmachen zu dürfen?« Ihre Enttäuschung über deine Reaktion ist unüberhörbar. »Außerdem haben sie das Ergebnis schon offiziell gemacht: Dein Name und ein Foto von dir sind auf Dr. Feasts Website. Es ist längst überall auf Social Media.«

Verdammt! Sieht so aus, als bestünde die einzige Möglichkeit, deinen Kopf aus der Schlinge zu ziehen, darin, dieses Buch ganz schnell zuzuschlagen und es möglichst weit hinten im Bücherregal zu verstecken. In diesem Fall **ENDE**t diese Geschichte hier.

Solltest du es dir dagegen noch mal anders überlegen und versuchen, dich bis zum Tag X in einen vorzeigbaren Menschen zu verwandeln → **125**.

186

Laut rufst du nach Moepsel, doch es erfolgt keine Reaktion. Da erschüttert plötzlich ein ohrenbetäubender Knall die Werkstatt! Der Boden unter deinen Füßen bebt, Putz rieselt von der Decke auf deinen Kopf. Das klang, als sei hinter der rückwärtigen Tür irgendwas in die Luft geflogen! Rennst du nach oben, um jemandem vom Schulpersonal Bescheid zu sagen (→ **72**)? Oder öffnest du die Tür zum Hinterzimmer, um nachzusehen, was da passiert ist (→ **323**)?

187 Durch einen Seitenausgang gelangst du nach draußen und wanderst, in düstere Gedanken versunken, ein wenig hinter dem Schulgebäude entlang. Dort haben sich wie so oft eine Handvoll Schüler aus der Oberstufe versammelt, um unerlaubt zu rauchen. Als du unvermittelt auftauchst, zucken ihre Köpfe schuldbewusst in deine Richtung. Erleichterung macht sich breit, als sie feststellen, dass du kein Lehrer bist. Ein Junge winkt dich heran – offenbar eine Einladung, mitzupaffen. Stimmst du zu (→ **193**), oder lehnst du ab und kehrst in den offiziellen Teil des Schulhofs zurück (→ **20**)?

188 »Dank dieser dämlichen Akne sieht mein Gesicht aus wie zehn Pfund rohes Hackfleisch«, beklagst du dich.

»Du übertreibst, Junge! Das hätte mir doch auffallen müssen!«

Oder auch nicht. Oma Hedis Augen sind etwa so gut wie die eines Maulwurfs.

»Akne gab es doch bestimmt auch schon vor 300 Jahren, als du in meinem Alter warst, oder?«

Oma Hedi ist solche Sprüche von dir gewohnt, sie kichert. »Klar gab es früher schon Akne. Lass mich mal überlegen, was man seinerzeit dagegen unternommen hat …«

Sie schweigt. Die Pause wird länger und länger. Irgendwann, als du schon fürchtest, Hedi könnte eingeschlafen sein, erklingt ihre Stimme wieder: »Ich glaube, ein paar von uns haben damals versucht, den Pickeln mit Eigenurin zu Leibe zu rücken.«

»*Eigenurin?* Du meinst ... mit Pipi?«

»Genau, Junge. Ich kann mich allerdings nicht mehr erinnern, ob das irgendwas gebracht hat ...«

Du bedankst dich und legst auf. *Das* wirst du ganz sicher *nicht* ausprobieren, so viel steht fest (→ **171**)!

189

Elonia Bezoks Augen weiten sich ungläubig. »Das ist ein Witz, oder?« Fassungslos starrt sie dich an, deine unsichere Haltung, deine ineinander verkrampften Hände. »Eine Verwechslung! Ein Ulk! Irgendwas! Du bist ... Ich kann nicht ... Nein, sorry! Das geht nicht. Unmöglich! Ich *kann* dich nicht auf den Stream lassen. Wie sähe das denn aus? Wie sähe *Tommy* aus? Ich meine – schau dich doch an! Keine Chance!« Sie wählt eine Nummer auf ihrem Smartphone. »Burt? Ich habe hier einen Totalausfall. Mach die Zweitbesetzung klar.« Sie beendet die Verbindung und sieht dich kühl an. »Tut mir leid, dass du umsonst angereist bist. Natürlich übernimmt Dr. Feast sämtliche Kosten der Reise. Du kannst an Bord in einer VIP-Kabine übernachten. Morgen reist du ab.« Damit widmet sie sich wieder ihrem PC.

Autsch! Das saß. Mit schwirrendem Kopf lässt du dir von einem Steward deine Kabine auf einem der unteren Decks zeigen. Dort kauerst du wie ein Häuflein Elend neben deiner Reisetasche auf dem Bett und überlegst, was jetzt zu tun bleibt. Wenn die Welt erfährt, dass du nicht würdig warst, an Dr. Feasts Stream teilzunehmen, wirst du die Lachnummer des ganzen Planeten … Fährst du mit dem Boot zurück nach Trinidad, steigst dort in den erstbesten Flieger nach Irgendwo und kehrst nie mehr nach Hause zurück (→ **121**)? Oder machst du erst mal einen kleinen Spaziergang über die *Mastodon* in der Hoffnung, dass dir das einen klaren Kopf und vielleicht einen besseren Einfall beschert (→ **173**)?

190 Die nächsten Tage nerven mit einer Abfolge langweiliger und belangloser Ereignisse. Keine echten Katastrophen, aber auch nichts, was das Leben irgendwie angenehmer machen würde. Alltag eben. Dummerweise Alltag, der dich der Lösung deines drängenden Problems keinen Schritt näherbringt (→ **161**).

191 Lässig schlenderst du neben Nico her. »Suchst du Ärger, du IQ-Tiefdruckgebiet?«

Nico bleibt stehen und starrt dich mit großen Augen an. Er scheint hin- und hergerissen, wie er reagieren soll. Schließlich ringt er sich zu einem Entschluss durch. Er ballt die Faust … In diesem Moment taucht hinter ihm ein bekanntes Gesicht auf: Jan! Der kapiert sofort, dass sein bester Kumpel drauf und dran ist, dir eine zu semmeln, und weist Nico mit harten Worten zurecht. Das tut gut!

Als Nico abgezogen ist, stellt Jan fest, wie lange ihr euch schon nicht mehr gesehen habt. Er lädt dich ein, am Nachmittag mit ihm Kaffee trinken zu gehen. Bei Starbucks habt ihr ein längeres, offenes Gespräch. Jan berichtet dir, dass er zwischenzeitlich eine Beziehung mit einem Mädchen aus der Oberstufe angefangen habe, aber nicht sicher sei, ob es das Richtige ist. Noch immer, gesteht er dir, denke er oft an dich. Ihr einigt euch darauf, dass er Zeit braucht, um seine Gefühle zu ordnen. Sobald er zu einem Ergebnis gelangt ist, wird er sich bei dir melden. Auf dem Nachhauseweg kommst du zu dem Schluss, dass das besser ist als nichts. Du hast nach wie vor Chancen, kannst aber für den Moment all deine Energien in die Dr.-Feast-Herausforderung und das Abarbeiten deiner Bucketlist investieren (→ **131**).

192

Belle gesteht dir, dass sie so begeistert von *Way of Vogue* ist, dass sie vergangene Woche dem regionalen Fanklub beigetreten ist. Dessen Mitglieder treffen sich einmal die Woche, um gemeinsam neue und alte Folgen anzuschauen. Das nächste Treffen ist heute Nachmittag. Belle bietet dir an, sie zu begleiten. Bist du dabei (→ **150**)? Möchtest du dir erst mal ein paar Folgen allein ansehen (→ **115**)? Oder beschließt du, dass du für so einen Unsinn keine Zeit hast, und beschäftigst dich am Nachmittag lieber anders (→ **51**)?

193 Im Näherkommen stellst du fest du, dass die Oberstufenschüler keine Zigaretten rauchen, sondern »dampfen«. Sie ziehen an kleinen Apparaten und pusten anschließend dicke Qualmwolken aus. Der Dampf riecht nicht unangenehm, ziemlich süß ... Eine Oberstufenschülerin lässt dich an ihrem Apparillo ziehen. Tief saugst du den Rauch in deine Lunge – und bekommst schlagartig keine Luft mehr! Keuchend und spuckend versuchst du, deine Atemwege freizubekommen. Du schaffst es zwar, nicht sofort loszukübeln, aber der Hustenanfall will nicht aufhören. Im Handumdrehen ist dein Kopf rot wie eine Tomate – und du hustest immer noch. Zwei besorgte Oberstufler packen dich unter den Armen und schleppen dich quer über den Schulhof zum Krankenzimmer – unter den Augen der kompletten Schülerschaft! *Mach im vorderen Buchdeckel einen Strich bei* ***CRINGE****!* Dort bekommst du nach einer Weile wieder Luft, allerdings ist dir jetzt kotzübel. Du lässt dich im Sekretariat beurlauben und schlurfst mit hängendem Kopf nach Hause.

Hat dich Dr. Klinscher heute früh zu einem Referat in Geschichte verdonnert (→ **203**)? Oder hast du von ihm kein Referat aufgedrückt bekommen (→ **106**)?

194 Mit einem Waschlappen und einem milden Gesichtswasser, das du zwischen den Kosmetiksachen deiner Mom findest, schrubbst du dir eine Viertelstunde lang die Haut. Anschließend ist dein Gesicht schön rosarot, aber die Pickel sind natürlich noch da ... Dein Blick schweift über das Schminkzeug deiner Mom. Was, wenn du die Unebenheiten mit etwas Make-up überdecken würdest? Gerade noch rechtzeitig erinnerst du dich, was Aldo, dem Schönling aus der Parallelklasse, neulich passiert ist, als er genau das versuchte: Für einen Tag sah er glatt und okay aus, aber dann ließ er die Schmiere zu lange drauf. Für die nächsten acht Tage sah er aus wie eine unrasierte Erdbeere. Die Pampe hatte seine Poren verstopft und die Akne nur noch schlimmer gemacht. Du verzichtest.

Nach den Hausaufgaben wirfst du erneut einen Blick in den Spiegel. Seit der Waschaktion sind drei neue Pickel dazugekommen. Sauberkeit ist also nicht das Problem. Möchtest du ein bisschen herumtelefonieren in der Hoffnung, dass einer deiner Buddys einen hilfreichen Tipp hat (→ **145**), oder gehst du auf dein Zimmer, um dich mit Zocken auf andere Gedanken zu bringen (→ **41**)?

195

Unvermittelt schlingen sich weiche Arme von der Seite um deine Schultern, warme Lippen drücken dir einen Kuss auf die Wange. »Ich hab's gerade noch geschafft«, haucht deine Begleitung außer Atem und strahlt dich an. Dir fällt ein Stein vom Herzen. Nun ist alles halb so schwer!

Dr. Feast hat euch erreicht. Er bleibt so dicht vor euch stehen, dass du das teure Aftershave riechen kannst, das er selbst vertreibt. Er mustert euch anerkennend. »*Nice!* Ihr seid ein echt schönes Paar«, sagt er.

Vor Stolz könntest du beinahe platzen (→ **333**)!

196

Gelangweilt hörst du dir exakt dieselben Unterrichtsstunden noch einmal an, die dich schon am vergangenen Mittwoch gelangweilt haben. Auch in den Pausen lässt sich dein Vergangenheits-Ich nicht blicken.

Als der Unterricht endlich vorbei ist, hast du die Nase gestrichen voll. Wütend stapfst du hinunter in den Keller, um in deine eigene Zeit zurückzukehren ... Doch was ist das? Die Zeitmaschine ist nicht mehr da! Kann es sein, dass ein Abbild des Apparats – und damit die einzige Verbindung in deine eigene Zeit – nach dem Übertritt nur für eine gewisse Dauer erhalten geblieben ist? Und *du* hast diese wertvolle Zeit damit vergeudet, in lahmen Unterrichtsstunden abzuhängen, die du sowieso schon erlebt hast!

Niedergeschlagen gehst du nach Hause. Dort beobachtest du voller Entsetzen durch ein Fenster, wie deine Mutter DIR das Mittagessen vorsetzt. Logo: Dein früheres Ich, in dieser Zeit zu Hause, ist ganz normal heimgegangen. *Du* dagegen bist hier überflüssig! Wie sollst du jemandem deine Anwesenheit erklären – ohne Zeitmaschine, um deine Geschichte zu beweisen?

Verzweiflung droht dich zu übermannen. Doch dann wird dir ein kolossaler Vorteil dieser Situation bewusst: *Du* brauchst dich nicht länger um die Vorbereitungen für das weltweit gestreamte Treffen mit Dr. Feast zu kümmern! Das darf dein Double schön selbst erledigen.

Am Abend, als dein Vergangenheits-Ich – genau wie du letzten Mittwoch – mit Freunden in der Stadt unterwegs ist, schleichst du dich ins Haus und raffst ein paar Klamotten sowie all deine Ersparnisse zusammen. Dann machst du dich per Anhalter auf die Reise. Du hast keine Ahnung, wohin auf der Welt es dich verschlagen wird, und du ahnst, dass du deine Eltern vermissen wirst. Aber vielleicht kannst du sie in zwanzig Jahren – wenn dein Vergangenheits-Ich zu Hause ausgezogen ist – mal in dessen Rolle besuchen. Bis dahin liegt eine abenteuerliche Zeit vor dir: keine Schule mehr, keine Regeln mehr … Aber das ist eine Geschichte für ein anderes Buch.

ENDE

197 Bei deiner vierten Trainingssession fällt dir ein Junge auf, der immer zu denselben Zeiten hier zu sein scheint wie du. Als du nach dem Duschen an der Getränketheke noch einen Smoothie trinkst, steht er plötzlich neben dir. Ihr kommt ins Gespräch. Simon erzählt dir, dass er ursprünglich hierherkam, um etwas für seine Kondition zu tun und ein paar Pfund zu verlieren. Am Anfang fiel ihm regelmäßiger Sport schwer, aber jetzt kommt er gern. Und seinen Gürtel kann er mittlerweile schon ein paar Löcher enger schnallen als am Anfang.

Ihr versteht euch prima, und am folgenden Wochenende habt ihr ein Date. Der Abend endet auf die schönste nur denkbare Weise: mit einem Kuss. Als du Simon zum Abschied gestehst, dass du in Kürze in die Karibik zu Dr. Feast fliegen sollst, bietet er dir kurzerhand an, dich zu begleiten. Du kannst dein Glück kaum fassen – *mit Partner* beim spektakulärsten Dinner der Welt aufzulaufen, wäre der Hammer! *Kreise das bereits angekreuzte Wort BOY auf deinem* ***Steckbrief*** *zusätzlich ein.* Ihr verabredet, bald wieder etwas gemeinsam zu unternehmen, dann gehst du überglücklich nach Hause (→ **321**).

198 Du stellst dich vor und heißt Sophie an der Schule willkommen. Sie mustert dich mit einem Blick, an dem nicht recht zu erkennen ist, ob sie sich über deine Kontaktaufnahme freut oder eher belustigt ist. Bevor du vorschlagen kannst, sie ein bisschen herumzuführen, nähern sich ein paar Mädels aus deiner Klasse und bieten Sophie genau das an. Schon sind sie weg – und du kannst nicht mal sagen, ob du irgendeinen Eindruck bei ihr hinterlassen hast oder nicht.

In den folgenden Tagen beobachtest du Sophie verstohlen in den Pausen. Mit ihrem attraktiven Äußeren und ihrer unkomplizierten Art findet sie rasch Anschluss. Und obwohl mehrere Jungs unverhohlen auf Baggerkurs gehen, verbringt sie mit niemandem viel Zeit. Möglicherweise weiß sie genau, wie hübsch sie ist, und gibt sich deshalb nicht mit gewöhnlichen Sterblichen ab?

Nach der Schule überlegst du, ob es Zeitverschwendung ist, sich weiter Hoffnungen zu machen. Willst du versuchen, Sophie zu vergessen, und dich wichtigeren Dingen zuwenden (→ **161**)? Oder bist du überzeugt, dass deine Chance noch kommen wird, wenn du nur zur richtigen Zeit am richtigen Ort bist (→ **260**)?

199

Dein Vater sieht dich gönnerhaft an. »Das *könnte* ich mir überlegen. Allerdings sieht das Garagentor zurzeit wirklich furchtbar aus. Die Farbe blättert überall ab …« Mit Unschuldsmiene sieht er dich an.

Willigst du ein, auch das Garagentor für ihn zu streichen (→ **112**)? Oder gibst du ihm zu verstehen, dass du für heute dein Soll schon mehr als erfüllt hast (→ **251**)?

200 STECKBRIEF KILIAN !

CRUSH

☐ Boy ☐ Girl ☐ Nix

☐

10 ADDIEREN!

KONTAKTE

Nr. Oma Hedi: 4922123

BUCKETLIST

1. ______________________
2. ______________________
3. ______________________

201

Du investierst kostbare Tage, um dir alle Folgen noch mal anzuschauen. Von Szenen, in denen einzelne Charaktere besonders spektakulär aussehen, machst du Screenshots, um sie in Ruhe zu studieren. Doch auch auf diese Weise kommst du nicht hinter das Geheimnis. Zu blöd.

Möchtest du dich dem regionalen *Way of Vogue*-Fanklub anschließen und versuchen, das Rätsel zusammen mit einigen Gleichgesinnten zu knacken (→ **150**)? Oder siehst du dir stattdessen lieber andere aktuelle Serien an, in der Hoffnung, dort auf weitere Inspirationen zu stoßen (→ **165**)?

202

Neben dir steht Mads. Und wie immer hat er seine beiden hirnlosen Zombiekumpel dabei, Malik Szabi und Thomas Olg. Offenbar hat es ihm nicht gereicht, dich auf dem Spielfeld zu attackieren. Er will die Sache auf dem Hof fortsetzen. »*Sooorry*, dass ich dich auf dem Spielfeld ein bisschen härter angefasst habe«, beginnt er. »Aber gleichzeitig: *not sorry*. Freaks wie du lösen bei mir einfach Aggressionen aus. Ist wahrscheinlich ein Reflex aus der Urzeit.« Seine Begleiter lachen dämlich. »Vielleicht ist es aber auch bloß dein Gestank«, fährt Mads fort. »Bei Schweißgeruch muss ich immer um mich schlagen vor Ekel.« Jetzt brüllen alle drei vor Lachen.

Du spürst heiße Wut in dir hochkochen. Haust du Mads eine rein (→ **17**)? Oder zwingst du dich zur Ruhe, drehst dich um und lässt die drei Idioten einfach stehen (→ **146**)?

203

Als du zu Hause ankommst, überlegst du dir, welche Strategie du bezüglich des Referats verfolgen sollst. Um für die dämliche Präsentation in der kurzen Zeit richtig zu recherchieren und die Informationen in brauchbaren Text umzusetzen, fehlt dir momentan die Zeit – du hast mit Dr. Feast und den Vorbereitungen zu dem verdammten Dinner echt genug um die Ohren!

Dir fallen mehrere Optionen ein. Du könntest einfach gar nichts tun und am Tag des Referats vorgeben, du wärst krank, um nicht in die Schule zu müssen (→ **55**). Oder du lässt das Referat online von einer KI schreiben, inklusive Bildern und allem Drum und Dran (→ **27**). Kennst du dagegen jemanden mit Computerkenntnissen, den du für diesen Recherchejob um Hilfe bitten willst, so könntest du dieser Person eine Mail schreiben, indem du bei dem Abschnitt weiterliest, welcher der dreistelligen Zahl in ihrer Mailadresse entspricht …

204

Du läufst zur Apotheke und kaufst die stärkste Aknecreme, die die Dame hinter dem Tresen ohne Rezept rausrückt. Zu Hause bedeckst du dein Gesicht mit einer dicken Schicht der weißen Schmiere. Die Packungsbeilage liest du nicht – wer hat schon Zeit für so was?

Nach ein paar Minuten fängt deine Haut an zu prickeln, als würde eine Kolonie Feuerameisen einen wütenden Großangriff auf dein Gesicht durchführen. Panisch spülst du die Salbe wieder runter – zu spät! Deine Haut hat allergisch auf den enthaltenen Wirkstoff reagiert: Dein Gesicht ist knallrot und verquollen wie das der Hauptfigur von *The Toxic Avenger*, einem Trash-Horrorfilm, den du neulich mit Tarik gesehen hast. Wenn dich so jemand sieht ... *Mach im vorderen Buchdeckel einen Strich bei **CRINGE**!* Ärgerlich verziehst du dich in dein Zimmer, um ein wenig zu zocken (→ **41**).

205

In den nächsten Tagen probierst du nach und nach alles aus, was du von Erin gelernt hast. Du hörst auf, Schnitte, Stile und Farben ohne Sinn und Verstand zu kombinieren, besorgst dir ein paar günstige neue Teile in Farbtönen, die sie dir empfohlen hat, und trägst ältere Sachen, auch wenn sie eigentlich nichts Besonderes sind, mit erhobenem Kopf und geradem Rücken ...

Es funktioniert! Zuerst fällt es dir in der Schule auf: Die Art, wie andere dich anschauen, verändert sich. Ab und zu drehen sich sogar Leute auf der Straße nach dir um. Da du dich weder komplett neu eingekleidet noch dir eine neue Frisur zugelegt hast, kann niemand in deinem Umfeld die Veränderung richtig in Worte fassen. Freundinnen erkundigen sich, was mit dir los sei – sie alle finden, du wirkst auf einmal so *anders*. Das tut richtig gut! Darüber hinaus ahnst du, dass du nun in der Karibik nicht wie eine totale Style-Ruine rüberkommen wirst. *Streich das Wort ELYTS auf der* *Bucketlist* *deines* ***Steckbriefs*** *durch!* Anschließend → **230**.

206 Wie zu erwarten war, zeigt sich dein Vater von deiner Forderung unbeeindruckt. »Wir hatten ausgemacht, dass du erst kommendes Jahr wieder eine Erhöhung bekommst«, erinnert er dich.

»Aber *alle* in meiner Klasse kriegen mehr als ich«, gibst du wütend zurück.

»Dann verdienen möglicherweise die Eltern *aller* Schülerinnen und Schüler in deiner Klasse mehr als deine Mutter und ich.« Er zuckt mit den Schultern.

Was erwiderst du?

- »Dann wäre es vielleicht an der Zeit, dass du dir mal einen besseren Job suchst!« (→ **253**)
- »Also, die Eltern von Ivo Pokladnik leben davon, dass sie selbst gehäkelte Eierwärmer auf Etsy verkaufen, und er kriegt einen Zwanni mehr im Monat als ich.« (→ **62**)

207

Vorsichtig folgst du Nico, als er den offiziellen Pausenbereich verlässt und die Sporthalle umrundet. Um eine Gebäudeecke herum beobachtest du, wen er dort trifft: Jan. Und der ist nicht allein: Neben ihm steht, einen Arm um seine Hüfte gelegt, ein hübsches, sportliches Mädchen aus der Oberstufe! *What?*

Unglücklicherweise hat Jans neue Freundin bemerkt, dass du Nico nachgeschlichen bist und die drei bespitzelst. Sie deutet zu dir hinüber und sagt etwas zu Jan. Der erwidert etwas Unhörbares, worauf alle drei hämisch lachen und weggehen. *Autsch,* das schmerzt! *Mach im vorderen Buchdeckel einen Strich bei* ***CRINGE!***

Der Rest des Tages verstreicht in einem Wirbel aus Wut, Enttäuschung und ... *noch mehr* Wut! Wie konnte dieser Typ dir bloß schlaflose Nächte bereiten? Am Nachmittag beschließt du, dass Jan fortan Luft für dich ist (→ **161**)!

208

Du schlüpfst in eine Livree und reihst dich in die lange Schlange der Kellner ein, die Gang um Gang aus der Bordküche nach draußen aufs Sonnendeck tragen. Gekonnt tischst du Dr. Feasts Gästen auf: einer Hollywoodschauspielerin, einem Tennisprofi, dem Gewinner des diesjährigen E-Sports-Weltcups, einem männlichen Topmodel, einer Popsängerin, der jugendlichen Non-Promi-Zweitbesetzung sowie natürlich Thomas Covenant höchstpersönlich. Dabei achtest du darauf, welche Kamera gerade läuft. Als dich zufällig eine erfasst, bleckst du in bester Grinsekatzen-Manier die Zähne.

Wenn du jetzt nach Hause kommst, kann niemand meckern: Du *warst* live im Stream »Come Feast With Dr. Feast« – und du *hast* alle breit angegrinst. Zwar nicht ganz so, wie du es dir vorgestellt hattest, aber was soll's? YOLO! Du hast dich erfolgreich durchgemogelt – und das muss man auch erst mal schaffen, oder?

ENDE

209

Du bist mitten in der Installation, als die Tür aufgeht und dein Vater hereinkommt. »*Time's up!*«, verkündet er und tippt auf seine Armbanduhr. »Ausmachen, sofort!«

»Aber Dad! Das geht gerade nicht. Die Installation läuft!«

Er macht ein wissendes Gesicht. »Kein Problem. Gib mir das Gerät, ich kümmere mich darum.«

Am folgenden Tag nach der Schule lernst du, *wie* sich dein Vater »gekümmert« hat: Er hat den Laptop mittels Hard Reset heruntergefahren, mitten in der Installation! Als du auf den Startknopf drückst, tut sich gar nichts mehr – natürlich. Du wirst dir einen vollen Nachmittag mit Ivo, dem Computer-Nerd aus deiner Klasse, um die Ohren hauen müssen, um das wieder hinzukriegen. *Super – danke, Dad* (→ **263**)*!*

210 Der neue Tag beginnt mit einer Doppelstunde Chemie bei Herrn Winski. Herr Winski ist alt und grau und langweilig, und genau so ist auch sein Unterricht. Außerdem hasst Herr Winski alles, was jünger – und *moderner* – ist als er. Dazu zählen natürlich seine Schüler, aber auch neuzeitliche technische Errungenschaften wie etwa …

Pinggg!

»WAS! WAR! DAS?« Winski, der gerade einen staubtrockenen Monolog über die Dichte von Metallen gehalten hat, scannt das Klassenzimmer mit seinem tödlichen Röntgenblick.

S**t! Welcher Idiot hat es verpennt, sein Handy auf stumm zu stellen? Jetzt wird mal wieder die Welt untergehen! Du drehst suchend den Kopf. Am selbstzufriedenen Grinsen von Lisa Zinß, der berüchtigten Klassenzicke, erkennst du ohne Mühe, wessen Handy soeben das Eintreffen einer Textnachricht verkündet hat.

»Ihr sagt mir *sofort*, wer sich meiner ausdrücklichen Anordnung widersetzt und ein aktives *Mo-bil-te-le-fon* mit in meinen Unterricht gebracht hat!«, schäumt Winski.

Tja, Lisa, denkst du. *Sieht so aus, als würdest du diesmal …*

Lisa Zinß hebt den Finger und deutet auf dich!

»A-haaa!« Winski taxiert dich wie ein Geier ein Stück Aas in der Wüste. »Hatte ich nicht *unmissverständlich* zu verstehen gegeben, dass ich nicht *wünsche*, dass eure verfluchten Teufelsgeräte meinen Unterricht sabotieren?«, keift er.

Du stammelst irgendetwas Unverständliches, deutest auf Lisa.

»Die Schuld auf andere schieben, was? Schäbig ist das. Ganz schäbig!« Er kommt mit seinem Gesicht so dicht heran, dass du den Knoblauch riechen kannst, den er offensichtlich schon in seinen Morgenkaffee tut. »Das wird Folgen haben, das verspreche ich dir! Und sollte dein *Mo-bil-te-le-fon* noch einen einzigen Laut von sich geben, wirst du dir wünschen, du wärst nie geboren worden!« Damit wendet er sich wieder seinen Metallen zu.

Du kochst vor Wut.

Ein paar Minuten später, Winski faselt gerade irgendwas über Gase, passiert es erneut.

Pinggg!

Diesmal nimmt sich Winski nicht mal mehr die Zeit, nach dem Übeltäter zu fragen. Wie ein Hai schießt er auf dich zu und macht dich so laut und speichelsprühend zur Schnecke, wie seine alte Kehle es gerade noch zulässt. Mit knallrotem Kopf lässt du alles über dich ergehen.

Irgendwann ist die Doppelstunde zu Ende. In einer ruhigen Ecke des Schulhofs überlegst du dir, was jetzt zu tun ist. Willst du Lisa Zinß ausfindig machen und sie auf ihre miese Tour ansprechen (→ **111**)? Oder zwingst du dich zur Ruhe und gehst stattdessen zum Kiosk, um dir erst mal einen Imbiss zu genehmigen (→ **236**)?

211 Daniela Kolben fixiert dich mit lauernden Schweinsäuglein. »So? *Unfair* findest du das? Na schön, ich will dir eine *faire* Möglichkeit bieten, dein umfassendes Wissen zu demonstrieren. Komm bitte nach vorne!«

Dort, mit dem Whiteboard im Rücken und vor der ganzen Klasse bloßgestellt, quetscht dich Frau Kolben zum Stoff der vergangenen zwei Stunden aus. Du hast nur mäßig aufgepasst, und in der Aufregung und der Peinlichkeit der Situation fällt dir natürlich fast nichts mehr ein. Frau Kolben röstet dich unter dem Gekicher der anderen Schüler, die den Test für das Schauspiel beiseitelegen dürfen, noch eine Weile, dann verpasst sie dir eiskalt eine Fünf minus. *Mach im vorderen Buchdeckel einen Strich bei* ***CRINGE****!* Für den Rest des Schultags bist du wie betäubt. Wieso *dürfen* Lehrer so was eigentlich? Als es endlich zum Schulschluss klingelt, wankst du wie in Trance nach Hause.

Hat dich Dr. Klinscher heute früh zu einem Referat in Geschichte verdonnert, aber du hattest zwischenzeitlich eine Unterredung mit Britta Wickers (→ **282**)? Sollst du ein Referat vorbereiten, hast aber nicht mit Wickers gesprochen (→ **203**)? Oder hast du kein Referat aufgedrückt bekommen (→ **106**)?

212 Neben dir steht Mads. Und wie immer hat er seine beiden hirnlosen Zombiekumpel dabei, Malik Szabi und Thomas Olg. Offenbar hat es ihm nicht gereicht, dich auf dem Spielfeld bloßzustellen – er will die Sache auf dem Hof fortsetzen. »*Sooorry*, dass ich dich auf dem Spielfeld ein bisschen härter angefasst habe«, beginnt er. »Aber gleichzeitig: *not sorry!*

Schweißgeruch macht mich einfach aggressiv. Vor lauter Ekel sehe ich dann rot.« All drei brüllen vor Lachen.

Du kochst vor Wut. Willst du Mads eine verpassen, um ihm ein für alle Mal Respekt beizubringen (→ **302**)? Oder zwingst du dich zur Ruhe, drehst dich um und lässt die drei Idioten einfach stehen (→ **146**)?

213

Breitbeinig wie ein Quarterback baust du dich vor dem heranstürmenden Räuber auf und rufst: »Bleib stehen und rück die Tasche wieder ...« *BROCH!*

Das Nächste, was du siehst, ist ein orange gekleideter Sanitäter, der sich über dich beugt. Du liegst auf dem harten Asphalt, dein Hinterkopf schmerzt, und dein Brustkorb fühlt sich an, als hättest du einen WM-Elfmeter damit abgefangen. Ringsum stehen Schaulustige und unterhalten sich kopfschüttelnd darüber, wie man so hirnlos sein kann, sich einem flüchtenden Kriminellen in den Weg zu stellen. *Mach im vorderen Buchdeckel einen Strich bei* ***CRINGE!*** Sophie ist nirgends zu sehen, vermutlich wird sie irgendwo von der Polizei vernommen.

Nachdem die Sanis deine Kopfwunde bandagiert und sich überzeugt haben, dass dir sonst nichts fehlt, lassen sie dich gehen. Zu Hause beschließt du, das Thema Sophie zu den Akten zu legen und dich drängenderen Problemen in deinem Leben zu widmen (→ **161**).

214 Mit gerunzelter Stirn hockst du vor den Knöpfen. Welchen möchtest du ausprobieren (sofern du es noch nicht getan hast):

- den grünen (→ **94**)?
- den blauen (→ **275**)?
- den schwarzen (→ **328**)?
- den orangefarbenen (→ **159**)?

215 Nach kurzem Nachdenken erinnerst du dich an die Wischgeste, die Lisa seit Jahren zum Entsperren ihres Telefons verwendet und aus Faulheit nie ändert. Im Handumdrehen bist du im entsprechenden Menü und setzt das Handy auf Werkseinstellungen zurück. Als das Gerät dich fragt, ob du sicher bist, alle persönlichen Inhalte final löschen zu wollen, drückst du mit Genugtuung auf »JA«. Während das Gerät noch vor sich hin rödelt, deponierst du es gut sichtbar auf der steinernen Umrandung des Brunnens. Aus sicherer Entfernung beobachtest du, wie es dort sehr bald von einer Schülerin gefunden wird. Anhand des Glitzer-Namensstickers auf dem Bumper findet es innerhalb von Minuten seinen Weg zurück zu Lisa. Die nimmt es erfreut entgegen, entsperrt es – und stößt nach einem Augenblick der Verwirrung einen gellenden Schrei aus, der auf dem ganzen Schulhof zu hören ist. Ha! Zwar hat Lisa höchstwahrscheinlich ein Back-up zu Hause, aber bestimmt kein aktuelles ... *Mach im vorderen Buchdeckel einen Strich bei* ***FAME!*** Bestens gelaunt begibst du dich in die nächste Unterrichtsstunde (→ **299**).

216 □

Nach einer unruhigen Nacht und ein paar matschigen Cornflakes zum Frühstück startet die Schule direkt in der ersten Stunde mies: Mathe bei Enoch Grimm, dem langweiligsten Menschen der Erde. Und wie alles Miese im Leben hat auch diese Stunde das Potenzial, *noch* mieser zu werden: Grimm brummt euch einen unangekündigten Test über das Thema der letzten Stunde auf! Du hast den Stoff zwar halbwegs kapiert, aber mit den Gedanken bist du weit weg – nämlich in der Karibik, auf einer gewissen Jacht eines gewissen YouTubers ... Als du den Test am Ende der Stunde abgibst, bist du dir sicher, dass du ihn komplett verbockt hast.

Auch den Rest des Schultags brütest du vor dich hin und bist nicht zu viel zu gebrauchen. Als du am Nachmittag nach Hause kommst, hast du das Gefühl, dass du dich dringend ablenken musst. Möchtest du herumtexten, um zu sehen, ob jemand Lust hat abzuhängen (→ **145**)? Gehst du lieber online, um ein bisschen zu zocken (→ **41**)? Oder steht dir der Sinn nach frischer Luft, und du hilfst deiner Mom ein bisschen bei der Gartenarbeit (→ **246**)?

217 Er räuspert sich erneut. »Mein liebes Kind ...«, beginnt er dann.

Du *hasst* es, wenn er so mit dir sprichst!

»... was genau, denkst du, machst du da?«

Krampfhaft suchst du nach einer geistreichen Erwiderung. Was antwortest du?

- »*Mein lieber alter Herr!* Ich mache dasselbe wie du mit deiner blöden Zeitung: lesen und mich vor nervigen Gesprächen abschotten.« (→ **301**)
- »Ich mache hier was für die Schule. Muss für ein Referat recherchieren!« (→ **280**)
- »Upps – sorry, Paps! Total vergessen. Ich tu's schon weg!« (→ **153**)

218 »Hmmm«, macht die Produzentin. »Zum Glück gibt es ja Make-up, und wir haben Garderobe in allen denkbaren und undenkbaren Größen an Bord.« (→ **314**)

219 Im Vorratsschrank findest du drei Tafeln Schokolade. Es ist Bitterschokolade mit 80 Prozent Kakaoanteil, eine Sorte, auf die dein Vater aus irgendwelchen Gründen total steht. Du fandest immer, dass sie schmeckt wie alte Dachpappe, aber jetzt ist das völlig egal. Du brauchst diese verdammten Glückshormone!

Ohne Appetit beginnst du, die brüchige Schokolade zu mampfen. Mit ein paar Gläsern Wasser dazu gelingt es dir, zweieinhalb Tafeln am Stück zu verspeisen. Das müsste reichen.

Eine Stunde später stellst du fest, dass du dich tatsächlich etwas besser fühlst ... aber leider nur im Kopf. Weiter unten hat die Bitterschokolade einen eher unschönen Effekt ausgelöst: Bis zum Abend entwickelst du die hartnäckigste Verstopfung deines Lebens! *Mach im vorderen Buchdeckel einen Strich bei* ***CRINGE****!* Während langer, schmerzhafter Stunden auf dem Klo beschließt du, dass du nächstes Mal lieber deprimiert bleibst (→**123**).

220

Tamara schüttelt entschieden den Kopf. »Nicht die Bohne«, sagt sie. »Außerdem würde ich mich nie vordrängeln wollen.«

»Dann ist die Sache geritzt.« Klinscher zeigt auf dich und trägt deinen Namen in sein Notizbuch ein. »Du übernimmst dieses Thema!«

Mist. Das hat dir gerade noch gefehlt! In gedrückter Stimmung gehst du wenig später in die Pause (→ **187**).

221

Mit ein paar schnellen Schritten hast du Nico umrundet und stellst dich ihm in den Weg. »Hör mal, du Alpha-Kevin! Ich hab dir eine ganz normale Frage gestellt – kein Grund, sich wie ein Arschloch zu benehmen!«

Nico wirkt verunsichert. Nicht einmal ein Hasenhirn wie er würde vor Hunderten Zuschauern ein Mädchen schlagen. Während er noch verzweifelt in der Leere seines Schädels nach einer flotten Erwiderung sucht, trittst du ihm mit Wucht vors Schienbein. Das sollte ihn eine Weile daran erinnern, wie man sich benimmt (→ **322**)!

222 Unvermittelt schiebt sich eine Hand zwischen deine gespitzten Lippen und die deines Gegenübers. »Sorry, aber ich denke, du solltest wissen, dass in meinem Leben momentan echt kein Platz für eine Beziehung ist. Außerdem bist du, was das angeht, nicht ganz mein Typ.« Das Augenzwinkern, das diese Sätze begleitet, macht den Inhalt nicht unbedingt leichter zu verdauen. »Aber ich habe die letzten Tage echt genossen. Ich hoffe, wir können Freunde bleiben?«

Du spürst, wie etwas in deinem Innern zerbricht. Wieso kann *nie* etwas so klappen, wie du es dir wünschst?

In den folgenden Tagen lässt der Schmerz der Zurückweisung langsam nach. Eines Nachmittags stellst du beim Blick auf den Kalender erschrocken fest, dass bis zu dem Termin, an dem du vor den Augen von Millionen in der Karibik dinieren wirst, kaum noch Zeit übrig ist (→ **131**)!

223

Du spielst deine Leiden so überzeugend, dass deine Mutter rasch das Zimmer verlässt, um sich bloß nicht anzustecken. Unbeobachtet nutzt du einen alten Trick und rubbelst das altmodische Fieberthermometer mit der Handfläche, bis es auf 39,3 Grad steht. Noch ein bisschen dramatisches Stöhnen und flatternde Augenlider dazu, und deine Eltern sind einverstanden, dass du heute zu Hause bleibst. Nimm das, Klinscher! *Mach im vorderen Buchdeckel einen Strich bei **FAME**!*

Für die folgenden zwei Wochen hat Klinscher bereits andere Referate vergeben. Das bedeutet, du bist fürs Erste sicher. Dann steht das Treffen mit Dr. Feast auf dem Plan – und was danach möglicherweise passiert, ist dir momentan herzlich egal!

Du kuschelst dich ins Bett und genießt die Ruhe und deinen Triumph über die Diktatur der Lehrer (→ **106**).

224

Mehrere Tage vergehen, an denen du die dringend nötige Arbeit an deiner Bucketlist immer wieder aufschiebst und eigentlich nur herumgammelst. Dann, eines Morgens, kommt Klassenlehrerin Iris Gmelch zur ersten Unterrichtsstunde ausnahmsweise nicht allein in euer Klassenzimmer. Bei ihr ist ein Neuzugang für eure Klasse, den sie euch mit großer Geste vorstellt ... Hast du auf deinem **Steckbrief** bei CRUSH BOY (→ **19**) angekreuzt oder GIRL (→ **281**)? Hast du zwar BOY oder GIRL angekreuzt, aber das betreffende Wort ist *eingekreist* – oder hast du das Wort NIX angekreuzt (→ **138**)?

△ **225** In den nächsten Tagen probierst du nach und nach alles aus, was du von Erin gelernt hast. Du hörst auf, Schnitte, Stile und Farben ohne Sinn und Verstand zu kombinieren, besorgst dir ein paar günstige neue Teile in Farbtönen, die sie dir empfohlen hat, und trägst auch ältere Sachen mit erhobenem Kopf und geradem Rücken ...

Es funktioniert! Zuerst fällt es dir in der Schule auf: Die Art, wie andere dich anschauen, verändert sich. Ab und zu drehen sich sogar Leute auf der Straße nach dir um. Da du dich nicht komplett neu eingekleidet hast, kann niemand in deinem Umfeld die Veränderung richtig in Worte fassen. Freundinnen erkundigen sich, was mit dir los sei – du wirktest auf einmal so *anders*. Das tut richtig gut! Darüber hinaus ahnst du, dass du nun in der Karibik nicht wie eine totale Style-Ruine rüberkommen wirst. *Streich das Wort ELYTS auf der BUCKETLIST deines* ***Steckbriefs*** *durch!* Steht dort bereits ein Wort in der dritten Zeile (→**230**)? Oder ist Zeile 3 noch frei (→**283**)?

226

Nach einer unruhigen Nacht und ein paar matschigen Cornflakes zum Frühstück startet die Schule direkt in der ersten Stunde mies: Mathe bei Enoch Grimm, dem langweiligsten Menschen der Erde. Und wie alles Miese im Leben hat auch diese Stunde das Potenzial, *noch* mieser zu werden: Grimm brummt euch einen unangekündigten Test über das Thema der letzten Stunde auf! Du hast den Stoff zwar halbwegs kapiert, mit den Gedanken aber bist du anderswo ... zwischen den Kratern und Beulen in deinem Gesicht. Wenn du nur wüsstest, wie du diese Pickel in den Griff bekommen kannst! Als du den Test am Ende der Stunde abgibst, bist du dir sicher, dass du ihn total verbockt hast.

Am Nachmittag nimmst du die Bescherung im Badezimmer genauer unter die Lupe. Du zählst mehr eitrige Beulen, als du Finger hast, die schwarzen Mitesser nicht eingerechnet. *Für einen Streuselkuchen nicht unattraktiv*, versuchst du, dich aufzumuntern. Woher kommen die verdammten Biester bloß? Liegt es daran, dass du nicht sauber genug bist? *Hygiene* und all das?

Möchtest du dein Gesicht gründlich waschen, um zu sehen, ob dich das weiterbringt (→ **194**)? Oder rückst du den elenden Blasen mit Fingerspitzen und Nadel zu Leibe (→ **64**)? Du könntest auch einen Abstecher zur Apotheke machen – vielleicht haben sie dort irgendein Wundermittel für dich (→ **204**)?

Überzeugt dich das alles nicht, willst du vielleicht unter deinen Buddys herumtelefonieren, ob einer von ihnen einen Tipp hat (→ **145**)? Oder möchtest du erst mal den Kopf frei kriegen? Dann kannst du auch rausgehen und deiner Mom ein wenig bei der Gartenarbeit helfen (→ **246**).

227 Aus dem Augenwinkel nimmst du wahr, wie Leon seinen Cocktail in einem Zug leert. Das Bowlingmatch geht weiter. Nach einer Viertelstunde, Leon tritt gerade mit einer Kugel auf die Bahn, werden seine Bewegungen plötzlich unsicher. Irritiert greift er sich an die Stirn, dann an die Brust. Einen Moment später stürzt er frontal zu Boden. Seine Buddys kichern dämlich. Doch Leon steht nicht wieder auf. Er hat sich den Kopf aufgeschlagen. Die Typen rufen den Notarzt, der rasch erscheint und Leon mit blutüberströmtem Gesicht auf einer Bahre abtransportiert. Mit einem schlechten Gewissen verlässt du wenig später das Bowlingcenter.

Am folgenden Montag erscheint Leon nicht in der Schule. Wie sich herausstellt, ist sein Kreislauf als Folge seiner Koffeinunverträglichkeit zusammengebrochen. Bei dem Sturz hat er sich eine Gehirnerschütterung zugezogen. Auf dem Nachhauseweg dämmert dir, dass dies wohl vorerst das Ende deines Plans darstellt, ihn näher kennenzulernen (→ **161**).

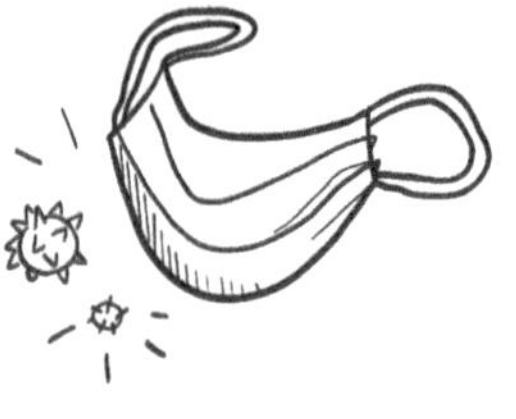

228 *Mitschüler sind der pure Stress*, denkst du, als du zu Hause ankommst. Wie soll man sich da um die dringend notwendigen Vorbereitungen für ein international beachtetes Treffen mit Dr. Feast kümmern? Hoffentlich verlaufen die kommenden Tage etwas gechillter ...

Karma-Time! Tippe mit geschlossenen Augen auf die Symboltafel im hinteren Buchdeckel! Das Zeichen, das du erwischst, bestimmt, wo es weitergeht:

 **→ 9**

 **→ 270**

 **→ 216**

 **→ 181**

 **→ 296**

(Solltest du beim betreffenden Abschnitt feststellen, dass du diesen bereits kennst, kehre ausnahmsweise hierher zurück und tippe auf ein neues Symbol.)

229

»Schön, dass dich das Thema so fesselt«, freut sich Klinscher. Er ist voll auf deinen leeren Blick und dein mechanisches Nicken reingefallen. »In diesem Schuljahr wird ja bekanntlich von jedem von euch ein Referat mit PowerPoint-Präsentation gefordert. Da du das Reformationsthema so vorbildlich verinnerlicht hast, schlage ich vor, dass *du* bis nächste Woche das Thema ›Luthers Kritik am Ablasswesen und seine 95 Thesen‹ übernimmst. Einverstanden?«

Verflucht! Wenn du etwas *noch mehr* hasst, als unerwartet drangenommen zu werden, dann ist das, eine volle Schulstunde lang vor anderen irgendwas erzählen zu müssen!

Wie reagierst du?

- Du schreist: »*Niemals!* Dazu können Sie mich nicht zwingen!« (→ **14**)
- Du überlegst kurz und sagst dann: »Grundsätzlich gern … Aber Luther ist eigentlich das Spezialgebiet von Tamara. Ich möchte ihr ungern die Gelegenheit wegnehmen, sich eine gute Note zu verdienen.« (→ **168**)
- Du akzeptierst schulterzuckend und vertraust darauf, dass dir schon später irgendein Plan einfallen wird, wie du dich um das dämliche Referat drücken kannst (→ **24**).

230

Am Abend im Bett wird dir siedend heiß bewusst, dass der Countdown abgelaufen ist: Morgen ist Tag X!

Du hast kaum geschlafen, als dein Wecker um fünf Uhr früh klingelt. Hektisch wirfst du deine besten Klamotten in eine Reisetasche, verabschiedest dich von deinen Eltern – da steht auch schon eine hupende schwarze Limousine vor dem Haus, um dich zum Flughafen zu bringen!

Im Innern begrüßt dich eine geschäftsmäßig aussehende junge Frau mit Hornbrille und Klemmbrett. Sie lässt sich deinen Reisepass geben und verkündet, dass dein Flug in die Karibik in neunzig Minuten vom städtischen Flughafen abgeht – natürlich erste Klasse! Nachdem sie ein paar weitere Kästchen auf ihrer Liste abgehakt hat, sieht sie dich über den Rand ihrer Brille fragend an. »Wirst du allein oder in Begleitung zum Dinner erscheinen?«

Checke deinen **Steckbrief**! Ist dort in der Rubrik CRUSH das Wort BOY oder GIRL angekreuzt *und* eingekreist (→ **107**)? Oder ist das nicht der Fall (→ **239**)?

231

Mit verschränkten Armen baust du dich vor Nico auf. »So redest du nicht mit mir, du Nullchecker!«

Doch offenbar hat dein Gegenüber schon damit gerechnet, dass du ihm den pampigen Spruch nicht durchgehen lässt. Ohne Zögern versetzt er dir einen derben Stoß vor die Brust – und im Handumdrehen steckt ihr mitten im schönsten Schulhof-Fight, angefeuert von einer rasch größer werdenden Meute von Schaulustigen.

Du landest gerade einen fetten Schwinger auf Nicos Nase, die sofort zu bluten beginnt, als Mathelehrer Grimm auftaucht und dem Spaß ein Ende setzt. Während ihr dampfend vor Wut voreinandersteht und Grimms Standpauke über euch ergehen lasst, erspähst du in der Menge der Zuschauer plötzlich – Jan! Entsetzt starrt er auf Nicos blutende Nase. Bevor du ihm erklären kannst, wie es zu all dem gekommen ist, schleppt euch Grimm zum Schulleiter. Rektor Niezentotz, gefürchtet für seine Wutanfälle und seinen übernervösen Schulverweis-Abzugsfinger, macht

Nico und dich nach allen Regeln der Kunst zur Schnecke. *Mach im vorderen Buchdeckel einen Strich bei* ***CRINGE****!* Als ihr sein Büro verlasst, ist auf dem Hof keine Spur mehr von Jan zu sehen. Aber du bezweifelst ohnehin, dass es nach dieser Szene noch viele Aussichten auf Erfolg hätte, bei ihm einen neuen Flirtversuch zu starten. Auf dem Nachhauseweg beschließt du, deine Energien lieber in die dringend notwendige Arbeit an deiner Bucketlist zu investieren (→**171**).

232

Die Zimmertür fliegt so schwungvoll auf, dass die Klinke donnernd gegen die Wand kracht. Eine Sekunde darauf steht dein Dad im Raum, qualmend und brodelnd wie ein Dämon aus den tiefsten Abgründen der Hölle. »Was *bildest* du dir ein, dich derart über meine Anordnungen hinwegzusetzen?«, brüllt er. »Denkst du, das Bildschirmverbot bezieht sich nur auf *deine* Geräte? Mach sofort, dass du hier rauskommst! Ich werde Maßnahmen ergreifen, dir beizubringen, meine Worte ernst zu nehmen!«

Mit eingezogenem Kopf verziehst du dich in dein Zimmer. Im Bett wird dir mit ungutem Gefühl bewusst, dass morgen dein Geburtstag ist. Möglicherweise war es keine gute Idee, den Alten ausgerechnet *heute* zu verärgern (→ **81**)?

233

Du gehst ins Wohnzimmer und überprüfst den Router. Einige Lämpchen leuchten, andere blinken, wieder andere sind aus ... Wer weiß schon, was das zu bedeuten hat? Du beschließt, das Gerät kurz vom Strom zu nehmen, damit es neu hochfährt. Weil du zu faul bist, in die Ecke hinter dem Schrank zu krabbeln, wo der Router installiert ist, gehst du zum Sicherungskasten und schaltest einfach die Sicherung fürs Wohnzimmer aus. Eine Sekunde darauf ertönt aus dem Arbeitszimmer deines Dads ein durchdringender Schrei! Du schaust noch mal hin – und stellst mit Entsetzen fest, dass es an derselben Sicherung hängt wie das Wohnzimmer. Rasch schaltest du den Strom wieder ein, doch es ist schon zu spät: Wie eine entfesselte Furie rauscht dein Dad heran. Er hat drüben seit Stunden an einer wichtigen Präsentation für die Arbeit gewerkelt und hatte etliche Änderungen noch nicht gespeichert, als du ihm den Saft abgedreht hast. Mit sich überschlagender Stimme faltet er dich zusammen, was dir einfiele, am Sicherungskasten herumzuspielen. *Mach im vorderen Buchdeckel einen Strich bei* ***CRINGE!*** Dann wird er von einer auf die andere Sekunde ganz ruhig, so als fiele ihm gerade ein, dass ein defekter Router das geringste eurer Probleme ist ... (→**174**)

234 Nach der Pause steht Musik bei Daniela Kolben auf dem Plan. Normalerweise kann man in ihrem Unterricht ganz gut relaxen. Für heute hat sie sich allerdings einfallen lassen, einen unangekündigten Test zu schreiben – als hättest du nicht genug um die Ohren! Die Fragen des Tests kreisen ausschließlich um theoretische Dinge – Dreiklang, Akkorde, Notenwerte, Taktarten und all so ein Zeug. Irritiert stellst du fest, dass ihr einige der Dinge, die sie abfragt, noch gar nicht im Unterricht durchgenommen habt. Wie *mies!* Willst du dich bei Frau Kolben beschweren (→ **211**), oder machst du gute Miene zum unfairen Spiel und beantwortest eben nur Fragen zu Punkten, die ihr auch behandelt habt (→ **92**)?

235 Du drückst auf »Senden« und wartest angespannt. Am Nachmittag bekommst du Antwort:

> Schön, von dir zu hören. Können gerne mal was zusammen machen. Aber du solltest wissen, dass es mittlerweile jemand anderen in meinem Leben gibt ...

Die Info trifft dich wie ein Schwall kaltes Wasser. Auf der anderen Seite, das wird dir ebenfalls klar, ist es wahrscheinlich besser, dass du jetzt Bescheid weißt. So verschwendest du keine Energie darauf, jemanden zurückzugewinnen, der nicht zurückzugewinnen ist. Schließlich brauchst du momentan deine ganze Power, um ein anderes, dringenderes Ziel zu erreichen ... (→ **161**)

236

Du reihst dich in die Schlange am Schulkiosk ein ... Steht auf der BUCKETLIST deines **Steckbriefs** das Wort TIF (→ **259**)? Oder steht dort das Wort IPSNART (→ **96**)? Steht auf deiner BUCKETLIST keines dieser Wörter *oder* ist es bereits durchgestrichen (→ **8**)?

237

Kilian ist ein Jahr älter als du und einer der Stufenbesten in Sport. Das liegt unter anderem an seiner Größe – gefühlt fünf Minuten nach Einsetzen der Pubertät ist er in die Höhe geschossen und hat breite Schultern bekommen. Leider war das aber nicht alles, was die Hormone ihm beschert haben ...

Mit seinen Eltern kommt Kilian mal besser aus, mal schlechter. Ab und zu auch *ganz* schlecht. Dafür hat er eine enge Beziehung zu seiner Oma Hedi. Ihr kann er regelmäßig sein Herz ausschütten – über *alles*.

Kilians bester Buddy heißt Tarik und spielt im Team des städtischen Fußballvereins. Er hat ein großes Herz, ist aber leider nicht die hellste Leuchte im Lampengeschäft.

Die Schule strengt Kilian nicht besonders an. Obwohl er kein Streber ist, können ihn die meisten Lehrer ganz gut leiden, was den Schulalltag erträglicher macht. Dafür gibt es auf dem Pausenhof die eine oder andere Visage, an der er nicht vorbeigehen kann, ohne dass die Funken fliegen.

Kehre zurück zu → **1**, um dir deine anderen Optionen anzuschauen oder eine davon auszuwählen!

238 Erleichtert kommst du nach der Schule zu Hause an (→ **161**).

239 Der Flug dauert knapp zehn Stunden. Am späten Nachmittag landest du auf der Insel Trinidad. Danach verfrachtet man dich auf ein Motorboot, das dich innerhalb kürzester Zeit zu einer traumhaften kleinen Insel bringt, die zu den Kleinen Antillen gehört. Dort, in einer von Palmen gesäumten Bucht, liegt die *Mastodon*, die Ultraluxusjacht von Thomas Covenant, genannt Dr. Feast. In der Realität ist das Schiff noch viel imposanter als auf YouTube. Kaum bist du an Bord, wirst du in ein modern eingerichtetes Büro gebracht. Dort sitzt Elonia Bezok, die Produzentin und Strippenzieherin hinter sämtlichen von Thomas Covenants Unternehmungen. Ohne sie läuft nichts im Dr.-Feast-Universum. Manche behaupten sogar, ohne Bezok wäre Covenant noch immer der unbedeutende YouTube-Amateur, der er vor zehn Jahren war.

Minutenlang stehst du unbeachtet in der Mitte des Raumes, während Elonia mehrere Mails beantwortet. »Du bist also unser heutiger Non-Promi-Gast?«, erkundigt sie sich schließlich, ohne den Blick vom Monitor abzuwenden.

»Das ... das stimmt«, sagst du schüchtern.

Mit konzentrierter Miene sendet Elonia Bezok eine letzte Mail ab, dann lehnt sie sich zurück und hebt den Blick ...

Checke die BUCKETLIST deines **Steckbriefs**! Wie viele Wörter dort sind *durchgestrichen*?

- 0 (→ **189**)
- 1 oder 2 (→ **83**)
- 3 (→ **314**)

240

Deine Internet-Recherche erweist sich als unergiebig. Kein Wunder – hast du tatsächlich geglaubt, eine international erfolgreiche Hollywood-Stylistin stünde einfach so im Online-Telefonbuch?

Karma-Time! Tippe mit geschlossenen Augen auf die Symboltafel im hinteren Buchdeckel. Das Zeichen, das du erwischst, bestimmt, wo es weitergeht:

⛤ oder 🪷 → **38**

☯ oder ☀ oder 🕉 → **57**

241

Als du neben Sophie trittst, hebt sie überrascht den Blick vom Handy und sieht dich mit ihren riesigen grünen Augen an. Zögernd öffnest du den Mund …

Karma-Time! Tippe mit geschlossenen Augen auf die Symboltafel im hinteren Buchdeckel. Das Zeichen, das du erwischst, bestimmt, wo es weitergeht:

⛤ → **58**

🪷 oder 🕉 oder ☀ → **198**

☯ → **291**

242

»Ich hab mich wohl gerade verhört?« Mit verschränkten Armen baut sich Aldo vor dir auf. »*Wie* hast du Lisa gerade genannt, du Krawallschnecke?«

Verflixt! Es ist offenbar zu spät – der Typ ist auf Lisa reingefallen und hat sich voll in sie verguckt. Du hast keine Lust auf Handgreiflichkeiten – doch nicht wegen Lisa Zinß! –, deswegen stammelst du eine Entschuldigung und machst, dass du zur nächsten Unterrichtsstunde kommst (→ **299**).

243

Du brauchst jetzt dringend etwas Ruhe! Wortlos verziehst du dich auf dein Zimmer, um dich zu regenerieren. Vielleicht kommst du in den nächsten Tagen ja endlich mal etwas zum Chillen ...?

Karma-Time! Tippe mit geschlossenen Augen auf die Symboltafel im hinteren Buchdeckel! Das Zeichen, das du erwischst, bestimmt, wo es weitergeht:

 **→ 216**

 **→ 270**

 **→ 210**

 **→ 181**

 **→ 190**

(Solltest du beim betreffenden Abschnitt feststellen, dass du diesen bereits kennst, kehre ausnahmsweise hierher zurück und tippe auf ein neues Symbol.)

244 ☐

Nach einigen Minuten bangen Wartens folgt das niederschmetternde Ergebnis: Die Tests *aller* Schüler und Lehrer sind positiv! Bevor du recht begreifen kannst, was das bedeutet, wird die Schule geschlossen. Die Schüler sollen auf dem schnellsten Weg nach Hause gehen.

Auf dem Heimweg – wie von den Lehrern verlangt, mit mehreren Metern Abstand zu anderen Kindern – wird dir schlagartig klar, dass sich nun alles wiederholen wird: die Wochen und Monate ohne persönlichen Kontakt, der Heimunterricht über bescheuerte Apps, das dauernde Masketragen, tägliche Selbsttests, vielleicht über Jahre hinweg ... Die Erinnerungen an die schreckliche Zeit während der letzten Pandemie überrollen dich wie ein Tanklaster mit defekten Bremsen. Für einen kurzen Moment siehst du rot, dann verschwimmt dein Sichtfeld, weil Tränen in deine Augen schießen. *Das darf nicht sein!* Die Hände vor dem Gesicht, rennst du los, ziellos, nur weg von allem!

In einem dir unbekannten Stadtteil, vor einem großen Haus mit parkähnlich angelegtem Grundstück, gewinnt die Erschöpfung die Oberhand: Du klappst auf dem Gehsteig zusammen und verlierst das Bewusstsein.

Als du wieder zu dir kommst, liegst du in einem Sonnenstuhl. Ein hünenhafter Mann mit dunkelbrauner Haut beugt sich über dich. »Geht's wieder?«, erkundigt er sich. »Ich hab dich auf dem Gehweg vor dem Haus gefunden. Da ich nicht wusste, was mit dir los ist, hab ich dich in den Garten getragen. Ich hoffe, das war okay?«

Du nickst unsicher. Plötzlich fällt dir dein Testergebnis von heute früh wieder ein. »Bleiben Sie weg«, krächzt du. »Ich hab Corona! Eine neue Pandemie beginnt!«

Der Mann lächelt. »Ah. Ist das so? Nun gut. Was passieren muss, wird passieren. Und danach passieren wieder andere Dinge.«

Dieser Typ ist *echt* tiefenentspannt ... (→ **101**)

245

Du begleitest Emilia zum nächsten Fußballtraining ... und überraschenderweise macht es dir Spaß! Egal, ob Ausdauerlauf, Ballübungen oder Mannschaftsspiel – dank der großen, gemischten Gruppe geht es immer lustig zu, es gibt ständig was zu lachen. Bereits nach dem zweiten Treffen wirst du Vereinsmitglied. Parallel dazu reduzierst du deinen Konsum von Süßkram, wie Jannick Khong es dir geraten hat. Steht auf deinem **Steckbrief** bei CRUSH ein Kreuz bei GIRL, das *nicht* eingekreist ist (→ **177**)? Andernfalls → **321**.

246

Mehrere Stunden lang arbeitest du bei strahlendem Sonnenschein mit deiner Mom im Garten. Die frische Luft tut gut, die Ruhe ebenfalls – denn anders als sonst pingt dein Telefon mal nicht ständig mit eingehenden Nachrichten.

Nach einer Weile taucht am Gartenzaun eine vertraute Gestalt auf: Ivo Pokladnik, der Computer-Nerd deiner Klasse. Er wirkt heute irgendwie *noch* schräger als sonst ... Die Augen hinter den dicken Brillengläsern sind gerötet, die Haare ungekämmt und fettig. Als du ihm zuwinkst, reißt er die Arme hoch und kreischt: »Hast du es noch nicht mitgekriegt? *Alle* Online-Services sind down!

Kein Internet mehr! Die Zivilisation ist dem Untergang geweiht!« Seine Maulwurfsäuglein fließen über vor Tränen.

Verwirrt greifst du zum Handy – und begreifst, *weshalb* es so lange nicht gepingt hat: kein Netz, weder Internet noch Telefon. Das gab es noch nie!

Willst du versuchen, von Ivo mehr über das sonderbare Phänomen zu erfahren (→ **332**)? Oder gehst du nach drinnen, um erst mal andere Endgeräte zu checken (→ **89**)?

247

»Ist bei mir nicht anders, Id. Manche Tage sind das Paradies, an anderen würde ich mich am liebsten einbuddeln und nie mehr rauskommen. Meine Mom sagt, Bewegung sei gut dagegen, Sport und so. Wegen irgendwelcher Hormone. Ich hab nicht richtig zugehört und war auch zu faul, das auszuprobieren, aber …«

»Okay. Sport. Was sonst noch?«

»Es gibt auch Medikamente, die die Stimmung heben. Aber was man ohne Rezept bekommt, ist nicht so prall. Die Mittel, die etwas bringen, gibt es nur auf Rezept. Meine Schwester hat mal welche verschrieben bekommen, da war sie 21 und hatte eine Depression. Aber Teenager in der Pubertät kriegen so was nicht verschrieben.«

Das war nicht gerade hilfreich. Du spürst, wie sich die Enttäuschung in deinem Hals zu einem dicken Kloß zusammenklumpt. Bevor du Pia etwas vorheulst, legst du lieber auf (→ **161**).

248

Karma-Time! Tippe mit geschlossenen Augen auf die Symboltafel im hinteren Buchdeckel. Das Zeichen, das du erwischst, bestimmt, wo es weitergeht:

☀ oder ☯ oder 🪷 → **232**

ॐ oder ⛤ → **12**

249

Als Mads das nächste Mal in Ballbesitz ist und an dir vorbeidribbeln will, vergewisserst du dich mit einem raschen Schulterblick, dass Herr Unholdt nicht herübersieht. Dann stellst du Mads ein Bein und rempelst ihm gleichzeitig kräftig die Schulter in die Seite. Er stolpert über deinen Fuß und segelt in hohem Bogen zu Boden, der Ball entgleitet seinen Händen. Tom Treznok schnappt ihn sich und landet mit einem gezielten Wurf einen Korb für euch. Ein paar Mädchen aus deiner Mannschaft haben das Manöver beobachtet und heben anerkennend die Daumen. *Mach im vorderen Buchdeckel einen Strich bei **FAME**!*

Wenig später endet das Spiel – deine Mannschaft gewinnt verdient. Du ziehst dich um und gehst in die Pause.

Auf dem Schulhof ertönt unvermittelt eine Stimme dicht neben deinem Ohr: *»Das hast du nicht umsonst gemacht!«* (→ **182**)

250 Der Test fällt negativ aus. Wäre ja auch noch schöner gewesen!

In der Schule fehlen mittlerweile deutlich mehr Schüler, viele husten ... In der ersten Stunde hättest du eigentlich Deutsch bei deiner Klassenlehrerin Iris Gmelch. Aber sie treibt die Klasse kurzerhand in die Turnhalle, wo man eine provisorische Teststation aufgebaut hat. Du hast dich zwar gerade erst getestet, aber man kann nie sicher genug sein. Wie man den Selbsttest durchführt, ist euch allen noch unauslöschlich ins Hirn tätowiert. Mit langen Gesichtern und bösen Erinnerungen stochert ihr in euren Nasen herum. Dann wartet ihr ... (→ **244**)

251 »Wie du meinst. Dann eben nicht.« Schulterzuckend wendet sich dein Dad ab und geht – ohne dein Bildschirmzeit-Limit aufzuheben. Mist (→ **144**)!

252 Unvermittelt schiebt sich eine Hand zwischen deine gespitzten Lippen und die deines Gegenübers. »Sorry, aber ich denke, es ist besser, wenn ich es dir direkt sage: Ich suche momentan keine Beziehung. Außerdem stehe ich nicht auf Mädels.« Das Lächeln, das diese Sätze begleitet, macht den Inhalt nicht unbedingt leichter zu verdauen. »Aber ich habe die letzten

Tage mit dir echt genossen. Ich hoffe, wir können trotzdem Freunde bleiben?«

Du spürst, wie etwas in deinem Innern zerbricht. Wieso kann *nie* etwas so klappen, wie du es dir wünschst?

In den folgenden Tagen lässt der Schmerz der Zurückweisung langsam nach. Eines Nachmittags stellst du beim Blick auf den Kalender erschrocken fest, dass es bis zu dem Termin, an dem du vor den Augen von Millionen in der Karibik dinieren wirst, nicht mehr lange hin ist (→ **161**)!

253

Keine gute Idee! Dein Vater flippt total aus. Mit hochrotem Kopf macht er dich zur Schnecke, so laut, dass noch die Nachbarn draußen im Garten jedes Wort mitbekommen. Er verpasst dir zwei Wochen Hausarrest, vier Wochen reduzierte Bildschirmzeit und einen Monat Taschengeldsperre. Außerdem verbietet er die geplante Party anlässlich deines morgigen Geburtstags. Dann schickt er dich ohne Abendessen ins Bett.

Du bist wie vor den Kopf geschlagen. Der Typ lebt doch im Mittelalter! So kann man mit einem Heranwachsenden nicht umgehen!

Gegen Mitternacht steht dein Plan fest: Du wirst von hier verschwinden und das Elend hinter dir lassen – noch heute Nacht (→ **163**)!

254

Nach einigen Minuten bangen Wartens folgt das niederschmetternde Ergebnis: Die Tests *aller* Schüler und Lehrer, die mitgemacht haben, sind positiv! Bevor du recht begriffen hast, was das bedeutet, wird die Schule geschlossen. Die Schüler sollen auf dem schnellsten Weg nach Hause gehen.

Auf dem Heimweg – wie von den Lehrern verlangt mit mehreren Metern Abstand zu anderen Kindern – dämmert dir, dass sich nun alles wiederholen wird: Wochen und Monate ohne persönlichen Kontakt zu anderen, ständiges Masketragen, tägliche Selbsttests ... Du reißt dich zusammen und versuchst, das Positive der Situation zu sehen: keine physische Schule mehr, den ganzen Tag rumgammeln, zocken, Futter vom Lieferservice ... Vielleicht wird die Sache ja gar nicht so übel (→ **123**)?

255

Was willst du texten (Emojis sind raus – diese Message ist zu wichtig für Kinderkram)?

- »Hey, was geht bei dir? Lust auf Kino oder so?« (→ **235**)
- »Denk an dich ...« (→ **285**)
- »Netflix & Chill, Hottie?« (→ **327**)

256

Mit den richtigen Suchbegriffen findest du im Netz diverse Teile, die den Klamotten in der Serie verdammt ähnlich sehen – aber alle von Marken, die du dir nicht leisten kannst. Zum Glück gibt es aber noch die chinesischen Billig-Bestellseiten! Du hast zwar mal irgendwo gelesen, dass bei Herstellung und Versand eines einzigen solchen Artikels etwa so viel CO_2 produziert wird, als würden deine Eltern dich morgens mit einer ganzen Armee von Sattelschleppern zur Schule eskortieren, aber ... das hier ist schließlich ein Notfall! Du bestellst Hosen, Schuhe und eine Jacke, die auf den Internetfotos exakt so aussehen wie die deiner Lieblingsfigur aus *Way of Vogue*. Jetzt bleibt nur zu hoffen, dass der Versand schnell genug erfolgt ...

Tatsächlich dauert es nicht mal eine Woche, bis die Lieferung eintrifft – eingeschweißt in eine giftig stinkende Plastikhülle und hoffnungslos zerknittert. Und der Schnitt ist irgendwie ... *anders* als auf den Fotos, oder? Aber vielleicht ist es bloß die Form deines Hinterns, die die Proportionen etwas verzerrt.

Am nächsten Morgen wirfst du dich in dein neues Outfit und gehst zur Schule. Unglücklicherweise ist der Billigschrott aus China genauso schlecht verarbeitet, wie er sitzt: Bereits in der ersten Pause verlierst du mehrere Knöpfe sowie die Sohle des rechten Schuhs, die du mit Panzertape aus der Werkstatt von Hausmeister Moepsel mühsam wieder ankleben musst. Aber es kommt noch schlimmer: Als es endlich zum Schulschluss klingelt, springst du erleichtert vom Stuhl auf – *RRRATSCHSCH* –, und die hintere Naht deiner Hose verabschiedet sich ins Nirwana. Nicht nur deine Klassenkameraden, sondern auch alle Schulkinder auf dem Weg nach Hause können sich in der folgenden halben Stunde durch deinen klaffenden Hosenboden am Anblick deiner Sponge-Bob-Boxershorts erfreuen, die du heute Morgen in aller Eile druntergezogen hast. *Mach im vorderen Buchdeckel einen Strich bei* ***CRINGE!*** Daheim stopfst du den ganzen Mist in die Tonne. Das war leider nichts!

Möchtest du nun (sofern du es noch nicht getan hast) ausprobieren, wie dir eine Frisur aus der Serie stehen würde (→ **84**)? Schaust du dir alle drei Staffeln *Way of Vogue* noch einmal an, um das Mysterium der perfekten Styles zu knacken (→ **201**)? Oder lässt du es gut sein und widmest dich lieber anderen, wichtigeren Dingen (→ **51**)?

257 *Keine* neue Pandemie! Du bist so erleichtert, dass du am liebsten für die nächsten Tage nur im Bett liegen und glücklich an die Decke starren würdest. Aber daraus wird wohl nichts werden …

Karma-Time! Tippe mit geschlossenen Augen auf die Symboltafel im hinteren Buchdeckel! Das Zeichen, das du erwischst, bestimmt, wo es weitergeht:

 **→ 9**

 **→ 125**

 **→ 224**

 oder  **→ 181**

(Solltest du beim betreffenden Abschnitt feststellen, dass du diesen bereits kennst, kehre ausnahmsweise hierher zurück und tippe auf ein neues Symbol.)

○ **258** *Mitschüler sind echte Folter,* denkst du, als du zu Hause ankommst. Wie soll man sich da um die dringend notwendigen Vorbereitungen für das Treffen mit Dr. Feast kümmern? Hoffentlich werden die kommenden Tage etwas gechillter verlaufen …

Karma-Time! Tippe mit geschlossenen Augen auf die Symboltafel im hinteren Buchdeckel! Das Zeichen, das du erwischst, bestimmt, wo es weitergeht:

☯ → **135**

🪷 → **270**

⛤ → **224**

ॐ oder ☀ → **53**

(Solltest du beim betreffenden Abschnitt feststellen, dass du diesen bereits kennst, kehre ausnahmsweise hierher zurück und tippe auf ein neues Symbol.)

259

Ein Stück vor dir in der Reihe steht Lisa Zinß, wie so oft in einem knalleng anliegenden Sommerkleidchen, das sie voller Selbstbewusstsein trägt.

Als sie mit einem Smoothie in der Hand abzieht, sieht sie dich. Sie beugt sich zu ihrer Freundin rüber und flüstert ihr etwas ins Ohr – so laut, dass du es auch garantiert mitbekommst: »Also, *ich* an ihrer Stelle würde mir zweimal überlegen, ob ich mir jede Pause irgendwas in die Fressluke schiebe!«

Was genug ist, ist genug! Du verlässt die Schlange und folgst Lisa, um ihr die Meinung zu sagen (→ **111**).

260

Zwei Tage später triffst du in der Stadt unvermittelt wieder auf Sophie, die dort mit einem anderen Mädchen shoppen ist. Bevor du dir noch überlegen kannst, ob du rübergehen und sie erneut ansprechen sollst, löst sich plötzlich ein dunkel gekleideter junger Mann aus dem allgegenwärtigen Gedränge, rennt auf die Mädchen zu und entreißt ihnen die Handtaschen! Dem fremden Mädchen gelingt es, den Gurt ihrer Tasche festzuhalten. Sophie hat weniger Glück. Mit ihrer Tasche unter dem Arm rennt der Dieb davon – in deine Richtung! Willst du ihm in den Weg treten und irgendwie versuchen, ihn aufzuhalten und ihm die Tasche abzunehmen (→ **213**)? Oder gehst du lieber hinter einem großen, breitschultrigen Mann in Deckung und brüllst: »POLIZEI! SOFORT STEHEN BLEIBEN!« (→ **75**)

261

Die Straßen sind geisterhaft leer. Sind die Menschen etwa schon vollständig im Pandemiemodus? Gedankenverloren setzt du einen Fuß vor den anderen, ohne richtig zu merken, wohin du überhaupt gehst. Deine Angst davor, dass sich alles wiederholen könnte, wächst und wächst. Irgendwo in einem dir unbekannten Stadtteil, vor einem großen Haus mit parkähnlich angelegtem Grundstück, wird dir plötzlich übel. Du klappst auf dem Gehsteig zusammen, prallst mit dem Kopf irgendwo auf und verlierst das Bewusstsein.

Als du wieder zu dir kommst, liegst du in einem Sonnenstuhl. Ein hünenhafter Mann mit dunkelbrauner Haut beugt sich über dich und rückt einen mit Eis gefüllten Beutel auf deinem schmerzenden Kopf zurecht. »Geht's?«, erkundigt er sich. »Ich hab dich auf dem Gehweg vor dem Haus gefunden, mit einer Riesenbeule am Kopf. Da hab ich dich kurzerhand in den Garten getragen.«

Du nickst unsicher. Plötzlich fällt dir dein Testergebnis wieder ein. »Bleiben Sie weg«, krächzt du. »Ich hab Corona! Eine neue Pandemie beginnt!«

Der Mann lächelt. »Ist das so? Nun gut. Was passieren muss, wird passieren. Und danach passieren wieder andere Dinge.«

Dieser Typ ist *echt* tiefenentspannt ... (→ **101**)

262

Unvermittelt schiebt sich eine Hand zwischen deine gespitzten Lippen und die deines Gegenübers. »Sorry, aber ich bin für klare Tatsachen: Ich bin nicht interessiert an einer Beziehung. Außerdem stehe ich nicht auf Jungs.« Das Lächeln, das diese Sätze begleitet, macht den Inhalt nicht unbedingt leichter zu verdauen. »Aber ich habe die letzten Tage echt genossen. Ich hoffe, wir können trotzdem Freunde bleiben?«

Du spürst, wie etwas in deinem Innern zerbricht. Wieso kann *nie* etwas so klappen, wie du es dir wünschst?

In den folgenden Tagen lässt der Schmerz der Zurückweisung langsam nach. Eines Nachmittags stellst du beim Blick auf den Kalender erschrocken fest, dass es bis zu dem Termin, an dem du vor den Augen von Millionen in der Karibik dinieren wirst, nicht mehr lange hin ist (→ **171**)!

263 △ □

Du brauchst jetzt dringend etwas Ruhe! Wortlos verziehst du dich auf dein Zimmer (→ **131**).

264

BLITZ! Innerhalb eines Sekundenbruchteils bist du zurück in deiner eigenen Zeit, wie dir ein Blick in die Hausmeisterwerkstatt und auf die dortige Wanduhr bestätigt. War dies der erste Knopf, den du gedrückt hast, und du möchtest einen weiteren ausprobieren (→ **214**)? Oder war dies das zweite Mal, dass du durch die Zeit gereist bist (→ **290**)? Sofern du das noch nicht getan hast, könntest du auch den Hebel umlegen (→ **295**). Oder du kehrst zurück nach oben und berichtest jemandem, was du hier entdeckt hast (→ **72**).

265 Wie kaum anders zu erwarten, dauert es keine zwei Minuten, bis deine Mom abgeschossen wird. Sie nimmt es locker und schaut zu, bis auch du erheblich später ins Gras beißt. »Mach jetzt lieber Schluss«, rät sie dir. »Wenn dein Vater merkt, dass du sein Verbot missachtest, ist der Teufel los.« Damit verlässt sie das Zimmer. Hältst du das ebenfalls für eine gute Idee, fährst den PC runter und legst dich schlafen (→ **326**)? Oder trittst du rasch für eine letzte Battle an (→ **232**)?

266 Schlagartig wird dir bewusst, was nicht stimmt: Ein ganz bestimmtes, extrem hübsches Gesicht taucht immer wieder vor deinem geistigen Auge auf: Hannah, mit der du vor nicht allzu langer Zeit für ein paar Monate zusammen warst. Alles lief super ... zumindest dachtest du das. Zu Beginn des Sommers eröffnete dir Hannah dann aus heiterem Himmel, dass sie sich nicht reif für eine dauerhafte Beziehung fühle und das Ganze beenden wolle. Seitdem ist fast kein Tag vergangen, an dem du sie nicht vermisst oder zumindest an sie gedacht hast. Und jetzt – allein, im Dunkeln, mit nichts als einem tristen Schultag, der am nächsten Morgen auf dich wartet – zerreißt es dir vor Sehnsucht plötzlich schier das Herz. Du nimmst dir vor, am nächsten Tag wieder Kontakt zu Hannah aufzunehmen. Vielleicht vermisst sie dich ja auch.

Während des Unterrichts überlegst du angestrengt, wie du das am besten anstellen sollst. Hannah geht auf eine andere Schule, was bedeutet, dass du sie nicht einfach in der Pause ansprechen kannst. Bis zum Nachmittag fallen dir drei Optionen ein, leider alle nicht sonderlich einfallsreich: Du könntest Hannah anrufen

(→ **315**), ihr eine Textnachricht senden (→ **235**) oder ihr einen Brief schreiben – schön altmodisch, mit Stift und Papier (→ **169**). Überzeugt dich keine dieser Möglichkeiten, kannst du auch einen Spaziergang unternehmen, um dein Gehirn ein wenig zu lüften und eventuell auf weitere Ideen zu kommen (→ **28**).

267

In der Pause triffst du dich hinter dem Schulgebäude mit Tarik. Genervt erkundigst du dich, ob er eine Idee hat, was du gegen deine bescheuerte Stimme unternehmen kannst.

»Stimmbruch ist voll normal, Digga«, erklärt er. »Kriegt jeder. Muss man durch.« Während er spricht, achtest du zur Abwechslung mal bewusst auf *seine* Stimme. Sie ist in den letzten Monaten deutlich tiefer geworden – aber sie krächzt und kippelt nicht ansatzweise so krass wie deine.

»Verdammter Kack«, stößt du hervor. Das »Kack« kiekst, als hätte eine 90-jährige Kettenraucherin gesprochen.

»Dich hat's echt derb erwischt«, bekundet Tarik grinsend. Er denkt nach. »Ich hab mal gehört, rauchen würde sich auf die Stimme auswirken. Keine Ahnung, wie genau, aber schlimmer kann's ja eigentlich nicht werden.« Er überlegt erneut. »Alkohol macht die Stimme auch tiefer, glaube ich. Einen Versuch wert?«

Das klingt beides gleichermaßen dämlich. Aber irgendwas musst du doch unternehmen ... Willst du dir bei den Oberstufenschülern, die um die Ecke wie üblich unerlaubt rauchen, eine Zigarette schnorren und ausprobieren, ob sich Rauchen auf die Stimme auswirkt (→ **193**)? Ziehst du es vor, die zweite Variante zu testen, und durchsuchst nach der Schule das Haus nach etwas Alkoholischem (→ **271**)? Oder bist du der Ansicht, dass beides ausnehmend blöde Ratschläge waren, und setzt nichts davon in die Tat um (→ **20**)?

268

Gute Idee. Allerdings bleibt dir ohne Handy nur das Festnetz, um irgendwen anzurufen. Und die Festnetznummern deiner Freunde – oder besser: von deren Eltern – hast du natürlich nirgends gespeichert. Dummerweise hast du ohne Internet aber keinen Zugriff auf irgendwelche Online-Verzeichnisse, und deine Eltern besitzen seit Jahren kein Telefonbuch mehr. Nach längerem Grübeln erinnerst du dich dann doch an eine alte Festnetznummer. Es ist die von Carl »Kritzelpimmel« Blenheim. Er hat vor eurem Umzug wenige Straßen entfernt gewohnt. Ihr wart damals noch zu jung für eigene Handys, daher hast du dich immer übers Festnetz mit ihm zum Spielen verabredet. Seinen Spitznamen bekam Carl, weil er Mitschülern in der Grundschule ständig männliche Geschlechtsteile in die Schulhefte kritzelte. Davon abgesehen war er ganz unterhaltsam. Du hast ihn seit Jahren nicht gesehen. Eine gute Gelegenheit, den Kontakt wieder aufleben zu lassen!

Du wählst die Zahlenfolge, die du für Carls Festnetznummer hältst. Nach ein paar Sekunden meldet sich eine krächzende Stimme: »Hallo?«

»Hey, Kritzelpimmel«, sagst du zur Begrüßung und nennst deinen Namen. »Lange nicht gesehen. Was geht so?«

Kurze Pause. Dann blafft die Stimme: »Hier ist mitnichten ›Kritzelpimmel‹! Hier spricht Iris Übleis!«

Verdammt! Von allen falschen Nummern, die du hättest wählen können, musstest du ausgerechnet die deiner komplett humorlosen Religionslehrerin erwischen! Stammelnd erklärst du, du habest dich verwählt, entschuldigst dich und legst auf. *Mach im vorderen Buchdeckel einen Strich bei* ***CRINGE!*** Mit hochrotem Gesicht suchst du dir etwas zu lesen, um dich von dieser Blamage abzulenken (→ **15**).

269 △

Als Mads das nächste Mal im geduckten Dribbellauf neben dir auftaucht, reißt du den Arm hoch und rammst ihn – scheinbar unabsichtlich – seitlich mit der Brust. Er strauchelt, stürzt aber nicht. Stattdessen verzieht er voller Ekel das Gesicht. »*Oh! Mein! Gott!* Was für ein Mief!« Er deutet auf deine Achsel. »Hast du mich mit diesem Stinkepfuhl etwa berührt? Ich muss sofort unter die Dusche!« Seine komplette Mannschaft und ein Großteil von deiner brechen in brüllendes Gelächter aus. *Mach im vorderen Buchdeckel einen Strich bei* ***CRINGE!*** Herr Unholdt mischt sich ein und ordnet die Fortsetzung des Spiels an. Nach dem Unterricht nimmt er dich beiseite und empfiehlt dir, täglich zu duschen. Als ob du das nicht tätest!

Wütend ziehst du dich nach der Stunde um und gehst auf den Schulhof. Da ertönt unvermittelt eine Stimme dicht neben deinem Ohr: »Wen haben wir denn da? Wenn das nicht Stinky ist, unser müffelndes Schulmaskottchen!« (→ **202**)

270 In der folgenden Nacht liegst du lange wach, ohne Schlaf zu finden. Ist es der Stress, den dir die Aussicht auf den bevorstehenden Dr.-Feast-Livestream verursacht? Oder nagt noch etwas anderes an dir?

Irgendwann zeigen die Ziffern auf deinem Smartphone 5:11 Uhr morgens an – und du hast noch immer keine Minute geschlafen! Du wirst in der Schule wie ein verdammter *Zombie* aussehen! Du zwingst dich zur Ruhe und versuchst, objektiv zu analysieren, was dich wach hält ... Hast du auf deinem **Steckbrief** bei CRUSH BOY (→ **318**) angekreuzt oder GIRL (→ **266**)? Oder hast du zwar BOY oder GIRL angekreuzt, aber das betreffende Wort ist *eingekreist* – oder du hast das Wort NIX angekreuzt (→ **139**)?

271 Nachdem du im Musikunterricht noch rasch einen total unfairen Test bei Frau Kolben versiebt hast, durchsuchst du am Nachmittag die Vorräte deiner Eltern auf Alkoholisches. Aber außer ein paar leeren Bier-Pfandflaschen findest du nichts. Irgendwo *muss* doch ... Im Bad entdeckst du schließlich eine fast volle Flasche Mundspülung. Hat Chemielehrer Winski nicht mal darüber gefaselt, da sei Alkohol drin? Du entzifferst das Etikett ... tatsächlich! Bei dem stechenden Geruch der Brühe zögerst du kurz, aber für deine Stimme ist dir alles recht. Mit Todesverachtung leerst du die Flasche. Der Geschmack ist widerlich und die scharfen Zusätze lassen dir Tränen in die Augen schießen. Aber vielleicht wirkt es ja? Als du in dein Zimmer zurückkehren willst, verspürst du ein eigenartiges Gluckern in der Magengegend. Vielleicht solltest du das Badezimmer lieber noch nicht verl… BLÖÖÖAAAARRRRGH!

In einem dicken, heißen Strahl gibst du alles, was du getrunken hast, plus dein Mittagsessen wieder von dir. Im Handumdrehen steht deine Mutter im Raum. Sie sieht die leere Mundspülungsflasche und hält dir eine deftige Standpauke, nie wieder Dinge, die nicht zum Verzehr gedacht sind, zu konsumieren. Dann lässt sie dich das Bad aufwischen. *Mach im vorderen Buchdeckel einen Strich bei **CRINGE**!*

Am folgenden Morgen in der Schule zerschlägt sich auch deine Hoffnung, die eklige Rosskur könnte auch nur das Allergeringste zur Verbesserung deiner Stimme beigetragen haben: Du krächzt und piepst noch immer so erbärmlich wie ein lungenkrankes Rabenküken (→ **106**).

272

Die Schüler kommen aus Frankreich. Unter ihnen entdeckst du ein Mädchen mit langen kastanienfarbenen Zöpfen und den größten rehbraunen Augen, die du je gesehen hast. Du nimmst all deinen Mut und deine bescheidenen Französischkenntnisse zusammen, setzt dich zu den Neuen an den Tisch und bietest ihnen deine Hilfe an, falls sie Fragen haben, irgendetwas an der Schule nicht finden oder so. Chloé, das Mädchen mit den Zöpfen, scheint dich sympathisch zu finden. Während du dich mit ihren Mitschülern unterhältst, sieht sie dich die ganze Zeit durchdringend an. Als du dich schließlich verabschiedest, um wie versprochen den Botengang für Frau Gmelch auszuführen, fragt sie dich schüchtern, ob du in den kommenden Wochen vielleicht

Lust hättest, mal etwas mit ihr zu unternehmen. Natürlich hättest du! *Mach im vorderen Buchdeckel einen Strich bei* ***FAME!*** Bester Laune verlässt du die Mensa und machst dich auf den Weg in den Keller (→ **7**).

273 Du brauchst jetzt dringend etwas Ruhe! Wortlos verziehst du dich auf dein Zimmer (→ **171**).

274 Zufrieden hebt dein Vater die Zeitung und setzt seine Lektüre fort. Du isst deine Cornflakes und gehst zur Schule. Das verspricht ein anstrengender Tag zu werden (→ **68**)!

275 BLITZ! Du blinzelst irritiert und ziehst den Vorhang wieder auf. Die Hausmeisterwerkstatt ist verschwunden! Die Maschine steht jetzt am hinteren Ende eines Schiffdecks ... und zwar nicht *irgendeines* Schiffdecks! Verblüfft erkennst du die verschwenderische Ausstattung der *Mastodon*, der weltberühmten 70-Meter-Jacht von Thomas Covenant, genannt Dr. Feast.

Vorsichtig schleichst du über das menschenleere Deck und eine Treppe hinunter. Dort, hinter einer halb geöffneten Panoramaglastür, erspähst du eine Art Büro – und darin Elonia Bezok, die allseits berühmt-berüchtigte Produzentin von »Come Feast With Dr. Feast«. Sie ist nicht allein: Ihr gegenüber, vor einem ausladenden Schreibtisch, stehst ... DU!

Verwirrt beobachtest du, wie Elonia Bezok dich nach allen Regeln der Kunst zur Schnecke macht – was dir einfiele, so zum Livestream mit Dr. Feast zu erscheinen? Einen Totalausfall wie dich könne sie unmöglich *on air* gehen lassen. Du sollst machen, dass du von hier verschwindest!

Du beginnst zu verstehen: Offenbar befindest du dich in einer nahen Zukunft, in der es dir nicht gelungen ist, alle Probleme von deiner Bucketlist zu tilgen. Mit einem mulmigen Gefühl ziehst du dich zurück.

Aus einem Versteck beobachtest du, wie wenig später auf dem obersten Deck das fürstliche Menü serviert wird. Der Stream beginnt! Fasziniert siehst du zu, wie Dr. Feast mit Stars und Sternchen aus Film, Musik und Politik eine nicht enden wollende Folge von Köstlichkeiten in sich hineinschaufelt. Plötzlich reißt du die Augen auf: DU tauchst an Deck auf, gekleidet in eine weiße Livree, wie sie die Kellner an Bord tragen. Während du Dr. Feast Hummersalat servierst, grinst du breit in die Kamera, genau wie du es dir vorgenommen hattest – und Elonia Bezoks Anschiss zum Trotz!

Du prägst dir diesen Kniff für den Fall der Fälle ein, dann kehrst du zum Achterdeck der *Mastodon* zurück, wo die Zeitmaschine steht. Im Näherkommen bemerkst du, dass sie verdächtig zu flackern begonnen hat ... Hastig springst du hinein und haust auf den Return-Buzzer (→ **264**).

276

»Na ja ... so richtig *gucci* ist dein Style nicht«, stimmt Pia vorsichtig zu. »Vielleicht solltest du dir irgendwo mal ein paar frische Inspirationen besorgen. Nicht immer dieselben alten Fratzen mit denselben Klamotten anschauen, die man in der Schule trifft, verstehst du? Abonnier doch ein paar Fashionkanäle auf YouTube oder so. Auf Netflix soll es eine neue Serie geben, in der jeder hammermäßig gestylt ist ... Vielleicht schaust du mal rein? Kann nicht schaden.«

Enttäuscht, dass sie keine konkreteren Vorschläge hat, beendest du das Gespräch (→ **161**).

277

Du beginnst den neuen Tag mit einem guten Gefühl. Zur Abwechslung fühlst du dich der Aufgabe, beim Dinner mit Dr. Feast einen vorzeigbaren Eindruck zu machen, beinahe gewachsen.

Am Frühstückstisch steigt dir plötzlich ein unangenehmer Geruch in die Nase. »Gibt's heute faule Eier, Mom?«, witzelst du. Da wird dir bewusst, woher der verstörende Duft kommt: aus deinen Achselhöhlen.

Unmöglich! Du hast gerade erst geduscht, das Shirt kommt frisch aus dem Kleiderschrank ... Dennoch haben sich unter deinen Achseln bereits wieder dunkle Flecken gebildet, und der Stoff, in der Vergangenheit schon viele Male durchgeschwitzt, gibt sofort Schweißgeruch nach außen ab.

So kannst du Dr. Feast und seinen Gästen unter tropischer Karibiksonne doch nicht unter die Augen treten! Es muss dringend etwas passieren!

Schreib das Wort IPSNART in die dritte Zeile deiner Bucketlist *bei Abschnitt* ***200****!* Anschließend → **210**.

278

Du entkoppelst dich geistig von den Vorgängen im Klassenraum und tauchst in die Welt deiner Gedanken ab. Dort drehst und wendest du das momentan drängendste Problem deiner Bucketlist, betrachtest es von allen Seiten, bis du schließlich das Gefühl hast, *eventuell* eine Strategie zu erkennen, mit deren Hilfe du …

»… sagst DU dazu, Ida?«

Eine schnarrende Stimme, direkt neben dir. Klinscher! Er muss gemerkt haben, dass du dich mental ausgeloggt hast, und hat sich an deiner Seite aufgebaut.

»Hättest du die Freundlichkeit, uns an deinen Gedanken zu Luthers Kritik am Ablasshandel teilhaben zu lassen?«

Mist! Du hast keine Ahnung, wovon er geredet hat. Außerdem hat er dich kalt erwischt – du bist nicht darauf vorbereitet, etwas vor der Klasse zu sagen!

»Nichts? *Nada? Niente?*« Klinscher verengt die Augen zu Schlitzen. »Wie schaaade …« Er wirbelt herum. »Aber gewiss mag D. hier dir aushelfen?« Er zeigt auf Dodo. An Dodos abwesendem Blick ist deutlich abzulesen, dass du nicht die einzige Person warst, die in den letzten Minuten nicht zugehört hat. Zum Glück ist Dodo aus anderem Holz geschnitzt als du und macht

Klinscher sofort eine Riesenszene – was ihm eigentlich einfalle, Schüler aufzurufen, die sich nicht gemeldet hätten, ob er aus niederen Motiven bestimmte Schüler vorführen und blamieren wolle und so weiter. Natürlich wird Klinscher stinkwütend. Der Wortwechsel endet pünktlich zum Pausenklingeln mit einer Sechs in Mitarbeit für Dodo plus einer Vorladung zu einem Gespräch mit Klinscher bei Schulleiter Niezentotz. Dich dagegen hat er in dem Aufruhr total vergessen. Unbemerkt entkommst du in die Pause (→ **187**).

279 Mit einem Veggie-Burger auf dem Teller suchst du dir einen Sitzplatz. Während du die pappige Angelegenheit vertilgst, fällt dir auf, dass zwei Tische weiter ein halbes Dutzend Jugendliche sitzen, die du noch nie gesehen hast. Du spitzt die Ohren und erhaschst ein paar Sätze in einer fremden Sprache. Das müssen die neuen Austauschschüler sein!

Ist auf deinem **Steckbrief** bei CRUSH das Wort BOY angekreuzt und *nicht* eingekreist (→ **91**)? Oder ist das Wort GIRL angekreuzt und *nicht* eingekreist (→ **272**)? Ist dagegen NIX angekreuzt oder eines der beiden anderen Wörter eingekreist (→ **25**)?

280 Ha – *damit* hat er nicht gerechnet!

»Oh. Ach? Nun, wenn das so ist ... ausnahmsweise.« Damit versteckt er sein Gesicht wieder hinter der Zeitung.

Wenig später hast du die Sichtung der relevanten YouTube- und Insta-Kanäle abgeschlossen – ohne bahnbrechende neue Erkenntnisse – und machst dich auf den Weg zur Schule.

Nach einem ausnehmend öden Vormittag kehrst du nach Hause zurück. Auch die Hausaufgaben nerven heute extrem, und du bist froh, als du Stunden später endlich alles erledigt hast (→ **144**).

281

Bei der neuen Schülerin handelt es sich um ein extrem hübsches Mädchen namens Sophie. Sie hat riesige grüne Augen und ein sympathisches Lächeln. Ein echter Hingucker!

In der Pause siehst du, dass sie sich abseits der anderen Schüler hält und sich unsicher hinter ihrem Smartphone versteckt. Kein Wunder, sie kennt ja noch niemanden hier. Du witterst eine Chance, mit ihr ins Gespräch zu kommen ... Möchtest du Sophie anbieten, sie etwas herumzuführen und ihr alles zu zeigen (→ **241**)? Oder erscheint dir dieses Vorgehen zu direkt, und du wartest lieber ab, ob sich eine elegantere Möglichkeit ergibt, mit ihr in Kontakt zu kommen (→ **260**)?

282

Am folgenden Morgen ist das Erste, woran du nach dem Aufwachen denken musst, das verflixte Referat. Wie sollst du das neben deinen Vorbereitungen für den Livestream bloß schaffen?

Als du die Schule betrittst, begegnet dir auf dem Flur ... ausgerechnet Geschichtslehrer Klinscher! Sonderbarerweise wirkt er irgendwie schüchtern, als er dich anspricht: »Ich, also ... Frau Wickers hat mich gestern Nachmittag darauf aufmerksam gemacht, dass … nun, dass du dich aktuell in einer psychischen Ausnahmesituation befindest und überdurchschnittlich viel Stress ausgesetzt bist. Deswegen habe ich beschlossen, dich bis zu den Ferien von der Verpflichtung eines Referats freizustellen.«

Du glaubst, deinen Ohren kaum zu trauen. Kein Referat? Britta Wickers ist die Beste! *Mach im vorderen Buchdeckel einen Strich bei **FAME**!*

Du bist so happy, dass der Unterricht dieses Tages quasi unbemerkt an dir abperlt (→ **106**).

283 Als du am folgenden Morgen aufwachst, solltest du dich eigentlich prima fühlen. Doch das Gegenteil ist der Fall: Ehe du weißt, wie dir geschieht, rinnen dir Tränen über die Wangen. Der Druck durch die drohende Dr.-Feast-Sache macht dich total fertig. Du willst am liebsten nur noch raus aus allem, allein sein, deine Ruhe haben … Als dir bewusst wird, dass Selbstmitleid nichts an der Situation ändert, überkommt dich nackte Wut: Wut auf dich selbst, auf Britta Wickers, die dich in diese unmögliche Lage gebracht hat, auf deine Eltern, auf *alle*! Noch etwas später, deine Mom ruft bereits zum Frühstück, wird dir klar, dass du ein weiteres Problem hast, das du dringend angehen solltest – es sei denn, du willst Dr. Feast und seinen Gästen ohne Vorwarnung etwas vorheulen: Du musst deine Stimmungsschwankungen in den Griff bekommen!

Schreib das Wort GNUMMITS in die zweite Zeile deiner B*UCKET*-*LIST (bei Abschnitt* ***300****)*, anschließend → **53**.

284

Steht auf der BUCKETLIST deines **Steckbriefs** das Wort IPSNART (→ **305**)? Oder Ist das nicht der Fall (→ **242**)?

285

Am Nachmittag, kurz nach Schulschluss, bekommst du Antwort:

> Hey! Hab heute auch an dich gedacht.
> Lass uns doch heute Nachmittag zusammen
> Eis essen oder so …

Gesagt, getan. Ihr verbringt einen entspannten Nachmittag zusammen. Dabei gesteht dir Jan, dass er dich noch immer vermisst und überglücklich wäre, wenn ihr es noch einmal miteinander versuchen könntet.

Du antwortest mit einem Kuss. In dem anschließenden langen Gespräch berichtest du Jan, was in deinem Leben gerade abgeht. Als er hört, dass du in Kürze in der Karibik Dr. Feast treffen wirst, schlägt er vor, dich zu begleiten. Das wäre der Hammer – *mit Partner* zum Dinner aufzulaufen, würde unendlich viel souveräner wirken als allein! *Kreise das angekreuzte Wort BOY auf deinem **Steckbrief** zusätzlich ein.* Ihr verabredet, schon bald wieder zusammen etwas zu unternehmen, dann gehst du überglücklich nach Hause (→ **161**).

286 Gleichgültig macht sich Emily wieder davon. Du überlegst, ob du die richtige Entscheidung getroffen hast, als dir unerwartet Clara aus deiner Klasse über den Weg läuft. Du weißt, dass sie seit einem halben Jahr auch mit krass schwankenden Stimmungen zu kämpfen hat, daher erzählst du ihr von Emilys Angebot. Sie findet es stark von dir, dass du nicht darauf eingegangen bist. »Mit Medikamenten ist nicht zu spaßen«, sagt sie. Während ihr gemeinsam zurück in die Klasse geht, erzählt sie dir, dass sie vor einer Weile mit Tagebuchschreiben angefangen hat. Angeblich hilft ihr das, ihre Gedanken zu ordnen und nachzuvollziehen, woher manche Stimmungen – positive wie negative – kommen. Du nimmst dir vor, das bei Gelegenheit auszuprobieren (→ **63**).

□ ○ **287** *Keine* neue Pandemie! Du bist so erleichtert, dass du am liebsten für die nächsten Tage nur im Bett liegen und glücklich an die Decke starren würdest. Aber daraus wird wohl nichts werden …

Karma-Time! Tippe mit geschlossenen Augen auf die Symboltafel im hinteren Buchdeckel! Das Zeichen, das du erwischst, bestimmt, wo es weitergeht:

☯ → **9**
🪷 → **224**
⛤ → **216**
ॐ → **270**
☼ → **190**

(Solltest du beim betreffenden Abschnitt feststellen, dass du diesen bereits kennst, kehre ausnahmsweise hierher zurück und tippe auf ein neues Symbol.)

288

Du ziehst den Vorhang beiseite. Er besteht aus einem fremdartigen, metallischen Material, extrem dünn und weich. Auch im Innern erinnert der Apparat an einen Fotoautomaten. Es gibt einen Sitz und davor mehrere Bedienelemente: eine Reihe verschiedenfarbiger Knöpfe, eine Art Buzzer-Knopf mit der Aufschrift RETURN sowie einen langen Hebel. Möchtest du dich auf dem Sitz niederlassen und dir die Knöpfe genauer ansehen (→ **214**)? Ziehst du probehalber an dem Hebel (→ **295**)? Oder ist dir die ganze Sache nicht geheuer und du kehrst lieber ins Erdgeschoss zurück, um jemanden über deine Entdeckung zu informieren (→ **72**)?

289

»IIIDAAAAA!« Es ist Pia, deine beste Freundin. Sie atmet schwer, in einer Hand schwenkt sie ihr Smartphone. »Du *glaubst* nicht, wer geschrieben hat!«

Wer soll schon geschrieben haben? Wahrscheinlich einer der unzähligen Jungs, die Pia ständig aus der Ferne anschmachtet und denen sie sofort eine Message schreibt, sobald sie ihre Nummer in die Finger bekommt.

Aus Höflichkeit fragst du: »*Wer* hat geschrieben, Pi?«

»Dr. Feast!« Sie strahlt dich an.

»Dr. Feast?« Du brauchst einen Moment, um zu verstehen, wen sie meint. Dr. Feast, mit bürgerlichem Namen Thomas »Tommy« Covenant, ist einer der drei bekanntesten YouTuber der Welt. Der erfolgreichste seiner sieben Kanäle heißt »Come Feast With Dr. Feast«. Darin lädt er einmal im Monat Stars aus Film, Musik und Sport auf seine Luxusjacht in der Karibik ein, wo er ihnen ein erlesenes Menü vorsetzt, zubereitet von internationalen Spitzenköchen. Ebenfalls dabei ist stets ein jugendlicher Nicht-Promi, jemand ganz Normales. Das Ganze wird live gestreamt. Beim letzten Dinner schauten über acht Millionen Menschen auf der ganzen Welt zu.

Du siehst immer noch nicht klar. »Weshalb sollte Dr. Feast *dir* schreiben?«

»Na, wegen der Anmeldung!« Pia lässt sich neben dich plumpsen. »Hast du eine Ahnung, wie Elonia Bezok, die Produzentin von Dr. Feast, die Kids für seinen Stream auswählt?«

»Wahrscheinlich werden die irgendwie ausgelost«, vermutest du.

»Genau! Und zwar, nachdem sie vorher von Freunden vorgeschlagen wurden.« Pia sieht dich mit riesigen Manga-Augen an. »Ich hab *dich* vorgeschlagen, vor Wochen schon. Heute kam die Mail von Dr. Feast.« Sie hält dir das Handy hin. »Du bist dabei! Ende des Monats fliegst du in die Karibik!« Bevor du den Text auf dem Display richtig lesen kannst, fällt dir Pia um den Hals und drückt dich, dass dir die Luft wegbleibt. »Ich freu mich so für dich, Süße! Hab schon allen erzählt, dass du zu Dr. Feast fliegst und uns schon bald breit aus dem Internet angrinsen wirst!«

Nur langsam verarbeitest du die Bedeutung ihrer Worte. Du liest die Mail. Kein Zweifel: DU bist der nächste Non-Promi-Gast bei »Come Feast With Dr. Feast«! Und angeblich haben sogar deine Eltern bereits zugestimmt, dass du fliegst – ohne dir ein Wort zu verraten!

Du ahnst, dass du dich freuen solltest – doch stattdessen überkommt dich Panik: Dr. Feasts Jacht liegt jedes Mal vor einer anderen Insel in der Karibik, seine Gäste tragen legere Sommergarderobe – Shorts und Bikinis, superkurze Röcke ...

Du schaust an dir hinunter. In letzter Zeit hat sich dein Körper ziemlich verändert, und du fühlst dich gerade nicht wohl in deiner Haut – und in der Weise, wie du in deine Klamotten passt. Bei der Vorstellung, so vor acht Millionen Menschen treten zu müssen, werden dir die Knie weich. *Schreib das Wort TIF in die erste Zeile deiner BUCKETLIST deines* ***Steckbriefs*** *bei Abschnitt* ***100****!*

Deine Gedanken rasen. Wenn du so bei Dr. Feast auftauchst, wäre das weltoberkatastrophenpeinlich – dokumentiert im Internet, von wo die Sache nie wieder verschwände!

Möchtest du versuchen, die Einladung zu canceln, um einer unsterblichen Blamage zu entgehen (→ **185**)? Oder fügst du dich in dein Schicksal und hoffst, dass du deine Figur in den Wochen, die dir bis zum Dinner bleiben, irgendwie in den Griff bekommst (→ **125**)?

290 Plötzlich erschüttert ein Donnerschlag die Werkstatt. Der Boden bebt, und bevor du weißt, wie dir geschieht, liegst du vor der Maschine auf dem Boden, aus der jetzt dicker schwarzer Rauch dringt. Dann wird der Vorhang beiseitegerissen, und Hausmeister Moepsel taumelt heraus. Sein Arbeitskittel hängt in Fetzen, Blut läuft über sein Gesicht. Er sieht dich und schreit: »Die Höhlenmenschen haben Stanzmeyer gekillt! Hilf mir, den Transmitter zu zerstören, bevor sie mir folgen! Die Verbindung bleibt nach dem Transfer eine ganze Stunde bestehen!« Er greift sich einen Vorschlaghammer und beginnt, wie ein Irrer auf den Apparat einzuschlagen.

Du verstehst kein Wort, aber der verzweifelte Ausdruck in Moepsels Augen macht dir Angst. Schnappst du dir ein Stemmeisen und hilfst ihm dabei, die Maschine in einen Schrotthaufen zu verwandeln (→ **65**)? Versuchst du, Moepsel zu beruhigen und zunächst mehr Informationen von ihm zu bekommen (→ **124**)? Oder nimmst du die Beine in die Hand und rennst davon, um Hilfe zu holen (→ **72**)?

291

Charmant und witzig stellst du dich vor, und ihr kommt ins Gespräch. Sophie kennt noch nicht viele Leute hier, daher freut sie sich, dass du sie angesprochen hast! Du packst die Gelegenheit beim Schopf und lädst Sophie für den Nachmittag zum Eisessen ein. Sie sagt zu, und ihr verbringt einen wunderschönen Nachmittag zusammen. Sophie scheint dich sympathisch zu finden.

Natürlich lässt du nicht locker: Einen Tag darauf geht ihr joggen, einen weiteren Tag später macht ihr zusammen Hausaufgaben, danach geht ihr gemeinsam bummeln. Und jedes Mal führt ihr gute Gespräche. Wenn ihr nicht zusammen seid, merkst du, dass deine Gedanken immer öfter um sie kreisen und du dir wünschst, in ihrer Nähe zu sein …

Eines Abends, ihr habt gerade in deinem Lieblingsbistro einen Imbiss gegessen, geht ihr im Mondschein Hand in Hand an der Uferpromenade des städtischen Flusses spazieren. Eine Szene wie aus einem romantischen Film … Wenn es je einen Zeitpunkt gab, ihr deine Liebe zu gestehen, dann jetzt! Möchtest du versuchen, Sophie zu küssen (→ **49**)? Oder findest du, sie sollte den ersten Schritt machen? In diesem Fall könntest du versuchen, etwas besonders Witziges oder Mutiges zu tun, um sie aus der Reserve zu locken (→ **130**).

292 In der Mensa gibt es wie jeden Tag zwei verschiedene Gerichte zur Auswahl. Während du anstehst, checkst du auf dem Handy die neuesten Online-Meinungen zum bevorstehenden Dr.-Feast-Livestream.

Plötzlich bist du an der Reihe. Ohne richtig hinzusehen, wählst du eins der beiden Gerichte ...

Karma-Time! Tippe mit geschlossenen Augen auf die Symboltafel im hinteren Buchdeckel. Das Zeichen, das du erwischst, bestimmt, wo es weitergeht:

 oder  oder  → **316**

 oder  → **279**

293 Das ist zu viel! Du springst so heftig vom Tisch auf, dass dein Stuhl hinter dir zu Boden kracht. »Den Teufel werde ich tun!«, schreist du. »Was geht mich dein beschissener Rasen an?« Tränen der Wut und der Hilflosigkeit schießen dir in die Augen. »Du kannst nicht einfach über mich und mein Leben bestimmen, du elender Sklaventreiber!« (→ **109**)

294 Elonia Bezok mustert dich emotionslos. Schließlich nickt sie und tippt eine Nummer in ihr Smartphone. »Burt? Schick jemanden von der Maske rauf für den Non-Promi-Gast. Wir gehen in einer halben Stunde live!«

Kurz darauf erscheint eine junge Frau in der Tür. »Hey! Ich bin Jenny. Du musst Ida sein, richtig?« Als du nickst, bringt sie dich in eine Künstlergarderobe, wo du professionell geschminkt wirst. Anschließend wählt Jenny zusammen mit dir aus einem gigantischen Fundus an teuren, perfekt geschnittenen Markenklamotten deine Garderobe für den Abend aus. Hättest du *das* gewusst, du hättest dir nie Gedanken über Dinge wie deine Figur oder dein Aussehen machen müssen!

Als du anschließend in den Spiegel schaust, glaubst du, deinen Augen nicht zu trauen: Du siehst gut aus. *Richtig* gut! So gut, wie Leute, die in millionenfach angeklickten Livestreams mit Weltstars zu Abend essen, aussehen sollten.

Jenny führt dich aufs oberste Deck der *Mastodon*. Dort bestrahlen Scheinwerfer eine lange, verschwenderisch dekorierte Tafel, die du aus zahlreichen Streams kennst. Dein Herz beginnt zu rasen, als du begreifst, dass du *wirklich* hier bist! Es wird passieren!

Schon taucht am anderen Ende des Decks eine sonnengebräunte, breitschultrige Gestalt in einem taillierten Seidenhemd auf. Dr. Feast! Als er dich sieht, hebt er grüßend die Hand und kommt auf dich zu ... Hast du vor deiner Ankunft hier eine Begleitperson angegeben, die an diesem Abend an deiner Seite sein soll (→ **195**)? Oder ist das nicht der Fall (→ **333**)?

295

Neugierig legst du den Hebel um. Es klickt, dann beginnt eine metallische Roboterstimme, von hundert rückwärtszuzählen. Was hat das zu bedeuten? Willst du den Hebel vorsichtshalber wieder in die Ausgangsposition bringen und dir stattdessen die Knöpfe genauer anschauen (→ **214**)? Oder möchtest du lieber nichts mehr anfassen und suchst so schnell wie möglich im Erdgeschoss nach jemandem, dem du von deinem merkwürdigen Fund erzählen kannst (→ **72**)?

296 Die nächsten Tage nerven mit einer Abfolge langweiliger und belangloser Ereignisse. Keine echten Katastrophen, aber auch nichts, was das Leben irgendwie angenehmer machen würde. Lästiger Alltag, der dich der Lösung deines drängenden Problems keinen Schritt näherbringt (→ **131**).

297 *Keine* neue Pandemie! Du bist so unendlich erleichtert, dass du am folgenden Tag ausnahmsweise richtig Lust hast, zur Schule zu gehen. Die Erleichterung ist auch dort zu spüren – Lehrer wie Schüler sind total gut drauf, und in der Pause gibt es am Schulkiosk ein Gratisgetränk für alle. Entspannt kommst du am Nachmittag zurück nach Hause (→ **171**).

△ □ **298** Du entkoppelst dich geistig von den Vorgängen im Klassenraum und tauchst in die Welt deiner Gedanken ab. Dort drehst und wendest du das momentan drängendste Problem deiner Bucketlist, betrachtest es von allen Seiten, bis du schließlich das Gefühl hast, *eventuell* eine Strategie zu erkennen, mit deren Hilfe du ...

»... sagst DU dazu, D.?«

Eine schnarrende Stimme reißt dich ins Hier und Jetzt zurück. Es ist Klinscher. Er muss gemerkt haben, dass du dich mental ausgeloggt hast, und hat sich verstohlen ganz dicht an deiner Seite aufgebaut.

»Hättest du vielleicht die Freundlichkeit, uns an deinen Gedanken zu Luthers Kritik am Ablasshandel seiner Zeit teilhaben zu lassen, D.?«

Er nennt dich immer »D.«, weil er den Namen, den du dir selbst gegeben hast, nicht mag. Blödmann!

Du spürst, wie dir eine heiße Röte ins Gesicht steigt. Du *hasst* es, aufgerufen zu werden, wenn du nicht in der Stimmung bist zu sprechen. Noch mehr hasst du es, wenn du nicht die geringste Ahnung hast, was du sagen könntest, selbst wenn du wolltest.

»Ähhh ...«, machst du.

»Jaaa?«, sagt Klinscher.

Ein paar Idioten in der Bank hinter dir fangen an zu kichern. Die ganze Situation fühlt sich so verdammt *unangenehm* an! *Mach im vorderen Buchdeckel einen Strich bei* ***CRINGE****!*

»Wie wir beide wissen, war das nicht das erste Mal, dass ich dich beim Träumen erwischt habe, D. Ich denke, es ist an der Zeit, dass ich Konsequenzen ziehe und ein Exempel statuiere!«

Kann Klinscher sich nicht *einmal* normal ausdrücken? Der Typ gehört echt in die Vergangenheit, über die er so gerne quatscht!

»In diesem Schuljahr sollen bekanntlich alle Schüler ein Referat mit PowerPoint-Unterstützung halten. Um dein Interesse am Thema Reformation ein wenig anzufeuern, wirst *du* nächste Woche zum

Thema ›Luthers Kritik am Ablasswesen und seine 95 Thesen‹ referieren. Ist das angekommen?«

Dieser Sack! Willst du in die Offensive gehen und Klinscher unmissverständlich zu verstehen geben, wohin er sich sein Referat stecken kann (→ **14**)? Oder ziehst du es vor, die Sache nicht noch schlimmer zu machen, als sie schon ist, und für den Rest der Stunde den Ball flach zu halten (→ **234**)?

299

Als Nächstes steht Sport bei Herrn Unholdt auf dem Plan. Heute: Basketball. Er ernennt zwei Teamkapitäne, die abwechselnd die Spieler ihrer Mannschaften wählen sollen. Einer ist Tom Treznok, ein Junge, der dich aus irgendeinem Grund nicht leiden kann, der andere Mads Kobras, der allseits unbeliebte Schulschläger. Egal. Du bist von mittlerer Größe, solltest also für Basketball nicht als Letztes übrig bleiben ... Denkste! Wie bestellt und nicht abgeholt stehst du in der Reihe, während rechts und links von dir jeder in eine Mannschaft gewählt wird. Am Ende bist du ganz allein übrig, und Tom *muss* dich nehmen, was er unter hörbarem Maulen auch tut.

Das Spiel beginnt. Die ersten Minuten verlaufen okay, es gelingt dir sogar, einen Korb zu werfen. Prompt wirst du von Mads so derb angerempelt, dass du dich auf dem Turnhallenboden langlegst. Ungläubig siehst du dich um: Hat niemand das Foul mitbekommen? Offenbar nicht. Willst du Mads bei Herrn Unholdt anschwärzen (→ **48**), oder beschließt du, ihn bei nächster Gelegenheit zurückzufoulen (→ **269**)? Oder bleibst du friedlich und tust nichts dergleichen (→ **10**)?

STECKBRIEF DODO ! 300

CRUSH

- [ ] Boy
- [ ] Girl
- [ ] Nix

30 ABZIEHEN!

KONTAKTE

Mel (Text only): 8187766

BUCKETLIST

1. ______
2. ______
3. ______

301 Keine gute Idee! Wütend erhebt sich dein Vater vom Frühstückstisch. »So redest du nicht mit mir! Bis du gelernt hast, dich zu benehmen, wird deine Screentime auf eine Stunde pro Tag reduziert.«

Screentime? Woher hat er denn dieses Wort? Bestimmt von einem seiner Stammtischkumpel. Die kommen sich auch alle total modern und jugendlich vor mit ihren Basecaps und kurzen Hosen ... *Alte Männer mit Caps und Shorts!* Was soll man dazu schon sagen?

Du fühlst dich plötzlich unendlich müde. Deswegen verzichtest du darauf, mit ihm zu diskutieren. Dass dein Dad es tatsächlich ernst meint, wird dir erst später klar: Als du dich auf den Weg zur Schule machst, kassiert er dein Handy ein. »Hat auch einen Screen«, erklärt er und schließt es weg.

Bereits unterwegs fühlst du dich grauenhaft abgekoppelt von der Welt. Du ahnst, dass dir gerade etliche wichtige Neuigkeiten entgehen. Und genau so ist es: Als du in der Schule ankommst, kannst du nicht mitreden – denn du weißt von nichts, was passiert ist. Dass man Inga, die ältere Schwester von Oberzicke Lisa Zinß, dabei gefilmt hat, wie sie sich einen Riesenbecher Iced Coffee über ihr neues Sommerkleid gekippt hat. Dass Musiklehrerin Daniela Kolben angeblich schwanger ist. Niemand hat Lust, dir alle Details noch mal langatmig zu erklären. Du kommst dir isoliert und dumm vor. *Mach im vorderen Buchdeckel einen Strich bei* ***CRINGE!***

Als du nach einem auch ansonsten wenig erfreulichen Schultag nach Hause kommst, wird es nicht besser: Dein Dad überwacht dich wie ein Schießhund – deine PlayStation ist ebenso vom Screentime-Limit betroffen wie Tablet oder Smart-TV. Die reinste Diktatur!

Möchtest du klein beigeben und ihm ein Friedensangebot unterbreiten in der Hoffnung, dass er das Verbot zurücknimmt (→ **329**)? Oder beschließt du, dem Alten zu zeigen, dass man so nicht mit dir umspringen kann, und läufst bei Nacht und Nebel von zu Hause weg (→ **163**)?

302

Gedankenschnell verpasst du Mads einen Schwinger gegen die Kinnspitze. Der Schlag lässt ihn rückwärtstaumeln. Doch seine beiden Kettenhunde haben nur auf diese Gelegenheit gewartet: Sofort stürzt sich Malik von der Seite auf dich, und im nächsten Augenblick wälzt ihr euch als keifendes, spuckendes Knäuel am Boden. Thomas will seinem Kumpel zu Hilfe kommen, doch da erscheint glücklicherweise dein Buddy Tarik, angelockt vom Kampflärm. Mit einem preisverdächtigen Tackling bringt er Thomas zu Fall und nimmt ihn in einen Ringergriff. Auch Mads stürzt sich jetzt wieder ins Getümmel. Obwohl Tarik und du in der Minderheit seid, liefert ihr einen ordentlichen Fight. Er geht nicht lange: Schon taucht Klassenlehrerin Frau Gmelch in der Traube der Schaulustigen auf und trennt euch. Zum Glück verzichtet sie darauf, die Sache vor den Schulleiter zu bringen.

Auf dem Nachhauseweg nach der letzten Schulstunde rechnest du ständig mit einem Hinterhalt der drei Primitivlinge. Doch nichts geschieht. Offenbar haben Mads & Co. für heute genug (→ **258**).

303 Du machst Nico ausfindig, Jans besten Freund, und erkundigst dich, wo Jan steckt. Nico sieht dich schief an. »Was geht's dich an, du NPC?«, grunzt er und geht einfach weg.

Willst du ihm nachlaufen und ihm klarmachen, dass er so nicht mit dir reden kann (→ **221**)? Folgst du ihm unbemerkt, um zu sehen, wohin er geht (→ **164**)? Oder wird dir die ganze Sache zu dumm, und du sendest Jan hier und jetzt eine Textnachricht (→ **255**)?

304 Du verrammelst dich mit einem Monatsvorrat Chips und Cola in deinem Zimmer und schaust dir über zwei Tage hinweg alle drei Staffeln am Stück an. Am Ende fühlst du dich schwammig und aufgebläht, aber du bist noch beeindruckter von *Way of Vogue* als zuvor: In drei Staffeln zu je zwölf Folgen mit insgesamt rund hundert verschiedenen Darstellern gibt es keine einzige Szene mit einer schlecht gestylten Figur! Diese Frisuren! Diese Klamotten! Wenn du dir nur 1 Prozent von dieser Stilsicherheit abgucken könntest ...

Möchtest du versuchen, dein Haar auf eigene Faust so spektakulär zu stylen, wie die Protagonisten es in einer Rückblende ins Frankreich der 1920er-Jahre tragen (→ **84**)? Oder versuchst du, im Internet Kleidung zu finden, die dem Stil einer Rückblende in die 1970er-Jahre nahekommt (→ **256**)? Alternativ könntest du dir die drei Staffeln auch *noch mal* komplett reinziehen in der Hoffnung, dass du so hinter das Geheimnis des perfekten Styles kommst (→ **201**).

305

Aldo sieht dich an wie ein ekliges Insekt. »Also, wenn *ich* so müffeln würde wie du, würde ich schön den Ball flach halten, Digga!«

Das saß! Mit eingezogenem Kopf entfernst du dich um eine Ecke, wo du deine Garderobe checkst ... Einmal mehr total durchgeschwitzt und alles andere als wohlriechend! Und du hast noch vier Schulstunden vor dir! Was tun?

In diesem Moment kommt dein Klassenkamerad Felix vorbei. Im Gegensatz zu dir riecht er immer angenehm, wie frisch geduscht. Du fasst dir ein Herz und sprichst ihn darauf an. Felix grinst und zieht eine kleine Sprayflasche aus der Tasche. »*Uber Cool – so fresssh, so crisssp!*«, steht darauf. »Ich gehe nie ohne aus dem Haus«, erklärt Felix. »Es blockiert mit chemischen Stoffen die Schweißdrüsen, außerdem sind massig Duftstoffe drin, sodass man besser riecht.« Er bietet dir an, es mal auszuprobieren. Möchtest du dir ein paar kräftige Sprühstöße unter die Achseln verpassen (→ **311**)? Oder verziehst du dich lieber aufs WC, um die ärgste Bescherung mit Handseife und Papiertüchern zu beseitigen (→ **140**)?

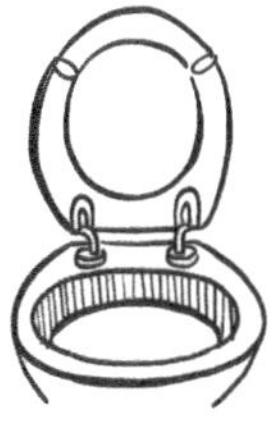

306 In der Apotheke erklärst du einer älteren Dame dein Problem – und brichst dabei gegen deinen Willen prompt wieder in Tränen aus. Die Apothekerin erklärt dir ruhig, dass es verschiedene Methoden gibt, um das subjektive Befinden zu beeinflussen. Medikamente, wie man sie bei Depressionen und anderen schweren psychischen Problemen einsetzt, werden allerdings nur auf Rezept verkauft, nach eingehender Untersuchung und Beratung durch einen Facharzt. Ohne Rezept kann sie dir Naturprodukte empfehlen, zum Beispiel Johanniskraut. Aber auch das würde sie dir nur in Anwesenheit deiner Eltern verkaufen.

Für dich klingt das nicht überzeugend. Außerdem bist du sehr wohl der Ansicht, dass *dein* Stimmungsproblem ein richtig heftiges ist, das *echte* Medikamente verdient hätte. Nichtsdestotrotz dankst du der Apothekerin für ihre Beratung.

Auf dem Nachhauseweg fühlst du dich plötzlich besser. Aber du hast doch gar kein Medikament bekommen! Dann wird dir klar, was dich aufbaut: Du hast eine aktive Maßnahme zur Lösung deines Problems ergriffen, ganz egal, ob sie etwas gebracht hat oder nicht. Du ahnst, dass Aktivität der richtige Weg ist, um aus dem Loch herauszukommen. Passivität und Selbstmitleid führen nirgendwohin (→ **63**)!

307 Du bleibst daheim, zockst und schaust YouTube bis spät in den Abend. Am nächsten Morgen fühlst du dich wie zerkaut und ausgekotzt: Dein Kopf schmerzt, deine Augen sind dick und heiß, dein Hals kratzt …

»Das kommt davon, wenn man bis kurz vor dem Schlafengehen auf den Monitor glotzt«, behauptet deine Mom. »Das verringert die Schlafqualität.«

»Yeah, was auch immer«, murmelst du. Insgeheim machst du dir aber eine gedankliche Notiz, zukünftig das Tablet etwas früher wegzulegen.

In der Schule erwartet dich eine merkwürdige Szenerie, die dir vage vertraut vorkommt: Es fehlen *noch mehr* Schüler, und die, die gekommen sind, husten fast alle. Die Stimmung ist angespannt und irgendwie bedrückend.

»Hast du's noch nicht mitbekommen?«, begrüßt dich Klassensprecherin Greta. »Eine neue Corona-Variante ist aus Asien zu uns rübergekommen! Sie ist zehnmal so ansteckend wie die von vor ein paar Jahren!«

Prompt treiben die Lehrer sämtliche Schüler in die Turnhalle. Dort hat man aus Tischen und Bänken bereits eine viele Meter lange provisorische Teststation aufgebaut. Alle sollen sich testen – wie damals, zu Zeiten der Pandemie!

Tust du, was man dir sagt, und führst einen Selbsttest durch (→ **244**)? Oder sind deine Erinnerungen an den Alltag während der letzten Pandemie zu schlimm, und du weigerst dich (→ **312**)?

308

Du schaltest die Ohren auf Durchzug und tauchst in die Welt deiner Gedanken ab. Dort drehst und wendest du das momentan drängendste Problem deiner Bucketlist, betrachtest es von allen Seiten, bis du schließlich das Gefühl hast, *eventuell* eine Strategie zu erkennen, mit deren Hilfe du ...

»... meinst DU dazu, Kilian?«

S**t! Klinscher hat dich eiskalt erwischt.

»Iii-*hich*?«, stößt du hervor – aber es klingt wie das Krächzen eines Kakadus, der sein Leben lang kubanische Zigarren geraucht hat. Du räusperst dich. »Also, bei *genauerer* Überlegung ...« Jetzt bricht deine Stimme wie ein trockenes Bambusrohr im Sturm. In der Reihe hinter dir beginnen ein paar Idioten zu lachen. Du spürst, wie dir eine heiße Röte ins Gesicht schießt. *Mach im vorderen Buchdeckel einen Strich bei* ***CRINGE****!* Zum Glück hat Klinscher Erbarmen. Er hakt nicht weiter nach und begnügt sich damit, dich einmal mehr blamiert zu haben (→ **267**).

309 Du ziehst Sportsachen über und gehst nach draußen. Wie versprochen strahlt die Sonne hell und warm vom Himmel. Überrascht nimmst du zur Kenntnis, wie *anders* die Welt im Morgenlicht aussieht, wenn man ausnahmsweise mal nirgendwohin muss. Auf dem Schulweg hast du nie Gelegenheit, darauf zu achten. Du beginnst zu laufen, vorbei an Bäumen mit zwitschernden Vögeln und an blumengeschmückten Vorgärten, in denen Schmetterlinge über das Gras tanzen ... An der nächsten Abzweigung wählst du eine Straße, die du sonst nie einschlägst. Dort gibt es schöne alte Häuser, und für den Rest deines Laufs konzentrierst du dich nur noch darauf, die beruhigende Szenerie in dich aufzunehmen.

Später mit deiner Mom am Frühstückstisch kannst du nicht leugnen, dass es dir besser geht. »Das sind Glückshormone, ausgeschüttet durch die Sonne und die sportliche Betätigung«, behauptet deine Mutter. Ganz egal, ob das stimmt oder nicht – du fühlst dich so gut wie seit Tagen nicht. Du beschließt, von nun an öfter morgens joggen zu gehen. *Mach im vorderen Buchdeckel einen Strich bei* **FAME** (→ **63**)*!*

310 □

Du gibst dir Mühe, Klinschers Ausführungen über die Spaltung des westlichen Christentums in die verschiedenen Konfessionen zu folgen. Ab und zu meldest du dich und gibst irgendeinen auf der Hand liegenden Kommentar zum Besten. Dir ist klar, dass du auf diese Weise deine Mitarbeitsnote nicht glorreich verbessern wirst. Aber zumindest kannst du so selbst bestimmen, wann du den Mund aufmachen musst.

Nach einer gefühlten Ewigkeit endet die Stunde, und Klinscher entlässt euch in die Pause (→ **234**).

311

Du fummelst die Spraydose unter dein Shirt und drückst kräftig drauf. *Zschschsch …*

AUUU! Verdammt, weshalb tut das so weh?

»Könnte der Alkohol darin sein«, meint Felix schulterzuckend. »Oder du reagierst allergisch auf einen der chemischen Stoffe.«

Na super! Deine Achseln brennen so höllisch, dass du den Rest der Pause wie ein Schwergewichtsboxer herumläufst, die Arme weit vom Oberkörper haltend. *Mach im vorderen Buchdeckel einen Strich bei* ***CRINGE!*** Und gelohnt hat es sich auch nicht: Als du zehn Minuten später zur nächsten Unterrichtsstunde gehst, stellst du fest, dass der überdeckende Effekt des Parfums bereits nachlässt und deine ganz persönliche Müffelnote wieder durchkommt. Mist (→ **299**)!

312 Du und drei weitere Schüler weigert euch, den Test zu machen. Offiziell herrscht kein Pandemiezustand, also kann euch niemand zu irgendwas zwingen. Doch euer Widerstand schlägt hohe Wellen: Im Handumdrehen schleppt man euch ins Büro eures Schulleiters. Rektor »Rektum« Niezentotz sitzt – ganz vorbildlich schon mit Atemschutzmaske – hinter seinem Schreibtisch und verpasst euch für euer »verantwortungsloses und unsoziales Verhalten« einen gepfefferten Anschiss. Ihr seid nicht nur ein schlechtes Vorbild für andere, tönt er, sondern gefährdet aktiv deren Wohl, falls es tatsächlich zu einer neuen Pandemie kommen sollte. Zum Abschluss erteilt er jedem von euch einen schriftlichen Verweis und schickt euch nach Hause.

Als ihr sein Büro verlasst, müsst ihr an einer Gruppe Schüler vorbei, die sich bereits getestet haben und nun ebenfalls Atemschutzmasken tragen. Sie buhen euch gnadenlos aus. *Mach im vorderen Buchdeckel einen Strich bei* ***CRINGE!*** Wie du später erfährst, waren ihre Tests ohne Ausnahme positiv! Mit einem schlechten Gewissen und einem noch schlechteren Gefühl im Magen, was die Zukunft betrifft, gehst du nach Hause (→ **123**).

313

Dein Vater ist so verdattert über deine Forderung, dass ihm auf die Schnelle keine Erwiderung einfällt. Du nutzt die Sendepause und machst, dass du in die Schule kommst.

Der Vormittag verläuft unauffällig. Zurück zu Hause, machst du Hausaufgaben. Als du dir anschließend in der Küche ein Sandwich machst, triffst du deinen Dad. »Der Rasen ist noch nicht gemäht«, stellt er fest.

»Und mein Zimmer ist noch nicht aufgeräumt und gereinigt«, gibst du zurück.

Erneut ringt dein Vater nach Worten. Da kommt zum Glück deine Mom herein. Sie grinst verstohlen, offenbar hat sie den Wortwechsel mitgehört. Freundlich bittet sie deinen Vater, es ausnahmsweise mal nicht so eng zu sehen – immerhin sei morgen dein Geburtstag. Tatsächlich lässt er dich daraufhin vom Haken. Erleichtert verziehst du dich in dein Zimmer (→ **144**).

314

Elonia Bezok mustert dich emotionslos. Schließlich nickt sie und tippt eine Nummer in ihr Smartphone. »Burt? Schick jemanden von der Maske rauf für den Non-Promi-Gast. Wir gehen in einer halben Stunde live!«

Kurz darauf erscheint eine junge Frau in der Tür. »Hey! Ich bin Jenny. Du musst Dodo sein, richtig?« Als du nickst, bringt sie dich in eine Künstlergarderobe, wo du professionell geschminkt und gepudert wirst. Anschließend wählt Jenny zusammen mit dir aus einem gigantischen Fundus an teuren, perfekt geschnittenen Markenklamotten deine Garderobe für den Abend aus. Hättest du *das* gewusst, du hättest dir nie Gedanken über Dinge wie deinen Style machen müssen! Auch ein Namensschild bekommst du verpasst. Zufrieden stellst du fest, dass »Dodo« draufsteht, nicht dein alter Name, den du abgelegt hast. Schließlich führt dich Jenny zu einem großen Spiegel.

Du glaubst, deinen Augen nicht zu trauen: Du siehst gut aus. *Richtig* gut! So gut, wie Leute, die in millionenfach angeklickten Livestreams mit Weltstars zu Abend essen, aussehen müssen.

Jenny führt dich aufs oberste Deck der *Mastodon*. Dort bestrahlen Scheinwerfer eine lange, verschwenderisch dekorierte Tafel, die du aus zahlreichen Streams kennst. Dein Herz beginnt zu rasen, als du begreifst, dass du *wirklich* hier bist! Es wird passieren!

Schon taucht am anderen Ende des Decks eine sonnengebräunte, breitschultrige Gestalt in einem taillierten Seidenhemd auf. Dr. Feast! Als er dich sieht, hebt er grüßend die Hand und kommt auf dich zu ... Hast du vor deiner Ankunft hier eine Begleitperson angegeben, die an diesem Abend an deiner Seite sein soll (→ **195**)? Oder ist das nicht der Fall (→ **333**)?

315

Kaum hast du ihre Nummer gewählt, geht Hannahs Mailbox ran. Willst du eine Nachricht hinterlassen (→ **235**), oder legst du auf und versuchst stattdessen, deine Gefühle für sie ganz *oldschool* in einen Brief zu verpacken (→ **169**)?

316

Bamigoreng? Okay, wenn's sein muss ... Während du die Bandnudeln aus dem Wok in dich hineinschaufelst, wunderst du dich über den eigentümlichen Geschmack des Gemüses. Egal. Was einen nicht umbringt, macht einen stärker!

Als du den geleerten Teller von dir schiebst und aufstehst, überkommt dich ein Schwindelgefühl. Wahrscheinlich der Kreislauf. Du wendest dich in Richtung Ausgang, als im Türdurchgang plötzlich eine sonderbare Gestalt auftaucht: Sie ist kugelförmig, von leuchtendem Grün und bewegt sich auf drei säulenartigen Beinen.

Krakenartige Tentakel umschlängeln ein riesiges Maul. Über allem thront auf einem langen Stängel ein einzelnes Glubschauge, groß wie ein Wasserball. *Ein Alien!*, schießt es dir durch den Kopf. Prompt erspähst du durchs Fenster auf der Wiese hinter dem Schulgebäude ein gigantisches, silbrig glänzendes Flugobjekt, dem soeben weitere grüne Außerirdische entsteigen.

In der Mensa werden panische Schreie laut. Gleichzeitig taucht Mads Kobras, der sattsam bekannte Schulschläger, hinter dem Monstrum auf, die Basecap tief im Gesicht, das Handy vor der

Nase ... und rennt voll in die Kreatur rein. Tentakel schießen vor, packen Mads und reißen ihn in das aufklaffende Maul der Kreatur. Ein paar knirschende Kaubewegungen ... und Mads ist weg!

Im selben Moment huscht ein verschwommener Schemen an dir vorbei, auf den Außerirdischen zu. Es ist Enoch Grimm, euer steifärschiger Mathe- und Lateinlehrer. Aber von wegen steifärschig: Mit einem Kampfschrei springt der alte Sack hoch in die Luft, um dem Monstrum einen gezielten Karate-Kick zu verpassen. *Grimm kann Karate? Echt jetzt?*, denkst du noch, dann trifft sein Herrenslipper, Größe 44, das Stielauge des Aliens. Mit einem saftigen *Plöppsch* löst sich der Augapfel aus der Höhle und schießt quer durch die Mensa davon – genau auf dich zu! Wie eine Kanonenkugel trifft er dich in die Magengrube, du kippst hintenüber, schlägst mit dem Kopf auf den Boden, und alles wird schwarz (→ **33**).

317 Es gelingt dir, Lisas Handy aus der Tasche zu ziehen, ohne dass sie oder Aldo etwas davon mitbekommen. Unbeobachtet huschst du damit um eine Ecke. Was nun? Willst du das Gerät im Schulbrunnen versenken, um es der Zicke heimzuzahlen (→ **137**), oder versuchst du, es auf Werkseinstellungen zurückzusetzen (→ **215**)?

318 Urplötzlich wird dir bewusst, was nicht stimmt: Ein ganz bestimmtes, ziemlich attraktives Gesicht taucht vor deinem geistigen Auge auf – das von Jan, mit dem du vor nicht allzu langer Zeit für ein paar Monate zusammen warst. Eigentlich lief alles gut, aber zu Beginn des Sommers hattest du plötzlich das

Gefühl, dass die Beziehung dich erdrückt: zu wenig Zeit für dich selbst, für Freunde ... überhaupt alles. Also hast du die Sache beendet. Jan traf das Aus aus heiterem Himmel. Von gemeinsamen Freunden weißt du, dass er noch lange daran zu knabbern hatte.

Dir wird klar, dass dies nicht das erste Mal ist, wo du ihn vermisst. Ähnliche, sonderbar leere Momente hattest du in den zurückliegenden Wochen öfter. Und jetzt – allein, im Dunkeln, mit nichts als einem tristen Schultag, der am nächsten Morgen auf dich wartet – wünschst du dir plötzlich nichts sehnlicher, als ihn wieder an deiner Seite zu haben.

Am folgenden Tag siehst du dich auf dem Pausenhof unauffällig nach ihm um. Jan geht in eine Parallelklasse, und du kannst mehrere seiner Klassenkameraden im Getümmel entdecken. Ihn dagegen nicht. Willst du einen seiner Buddys fragen, wo er steckt und ob es ihm gut geht (→ **303**)? Sendest du ihm eine Textnachricht (→ **255**)? Oder geduldest du dich bis zur nächsten Pause und hältst dann erneut nach ihm Ausschau (→ **85**)?

319

Mit offenem Mund siehst du zu, was als Nächstes passiert: Deine Mom ist ein absolutes Naturtalent! Innerhalb weniger Augenblicke beherrscht sie die Steuerung, als hätte sie seit Kindergartentagen täglich *Fortnite* gezockt. Mit maschinengleicher Präzision räumt ihr Charakter in seinem lächerlichen Default-Outfit Gegner um Gegner aus dem Weg – und schließlich, nach gut einer halben Stunde, auch dich! Noch immer ungläubig, machst du rasch ein Handyvideo von deiner Mutter, die wie ein Profi weiterfightet, und sendest es an ein paar Mitschüler.

Die Reaktionen kommen sofort und sind euphorisch: So eine coole Mom hätte jeder Jugendliche in deinem Alter gerne! *Mach im vorderen Buchdeckel einen Strich bei* ***FAME!*** Schließlich erwischt es aber auch deine Mutter, und ihr fahrt die Rechner runter. Wenig später, beim Zähneputzen, belauschst du sie auf dem Flur, wie sie deinen Dad auffordert, die »alberne Bildschirmzeitbegrenzung« aufzuheben, die er dir aufgebrummt hat. Er willigt ein! Zufrieden gehst du zu Bett. Morgen ist dein Geburtstag! Was der Tag wohl bringen wird (→ **326**)?

320 Du gibst dir Mühe, Klinschers Ausführungen über die Spaltung des westlichen Christentums in die verschiedenen Konfessionen zu folgen. Ab und zu meldest du dich und gibst irgendeinen auf der Hand liegenden Kommentar zum Besten. Doch jedes Mal, wenn du etwas sagst, kippt deine Stimme entweder direkt beim ersten Wort, oder du krächzt ab dem zweiten Wort wie eine heisere Krähe. Einmal räusperst du dich verzweifelt – und bringst im Anschluss sekundenlang gar keinen verständlichen Ton mehr heraus. Einige der Mädchen können sich nicht beherrschen und kichern albern. Dämlicher Stimmbruch (→ **267**)!

321

Nach einer guten Woche fällt dir auf, dass deine Lieblingshose, die du schon eine Weile nicht mehr anhattest, am Bauch nicht mehr so kneift. Auf der Waage stellst du fest, dass du knapp drei Pfund verloren hast. Und so fit wie jetzt hast du dich schon seit Monaten nicht mehr gefühlt! Wenn du so weitermachst, wirst du bis zu deiner Ankunft in der Karibik richtig gut aussehen! *Streich das Wort TIF in der* BUCKETLIST *deines* ***Steckbriefs*** *durch* (→ **155**)*!*

322

Auch in der folgenden Pause gelingt es dir nicht, die leiseste Spur von Jan aufzuspüren. Ob er krank ist? Du überlegst, wann du ihn zum letzten Mal auf dem Hof gesehen hast. Es ist schon eine Weile her. Hat er vielleicht die Schule gewechselt, ohne dass dir jemand davon erzählt hat? Nach der Schule beschließt du, dass es nur einen Weg gibt, Gewissheit zu erlangen: Du musst ihm texten (→ **255**)!

323

Die Tür ist nicht verschlossen. Sie führt in einen weiteren Werkstattraum. Vor der hinteren Wand steht ein kleiderschrankgroßer Apparat, der dich entfernt an einen dieser altmodischen Passfoto-Automaten erinnert. Die Außenseite ist übersät mit Knöpfen, Hebeln und blinkenden Lämpchen. Eine dicke schwarze Rauchwolke quillt aus dem Abteil hinter dem Vorhang, ein Geruch nach verschmortem Gummi und Ozon hängt in der Luft. Unvermittelt wird der Vorhang beiseitegerissen, und Hausmeister Moepsel taumelt aus der Öffnung hervor. Sein Arbeitskittel hängt in Fetzen, Blut läuft über sein Gesicht. Er sieht dich und schreit: »Die Höhlenmenschen haben Stanzmeyer gekillt! Hilf mir, den Transmitter zu zerstören, bevor sie mir folgen! Die Verbindung bleibt nach dem Transfer noch eine ganze Stunde bestehen!« Er greift sich einen Vorschlaghammer und beginnt, wie ein Irrer auf den Apparat einzuschlagen.

Du verstehst kein Wort, aber der verzweifelte Ausdruck in Moepsels Augen macht dir Angst. Schnappst du dir ein Stemmeisen und hilfst ihm, die Maschine in einen Schrotthaufen zu verwandeln (→ **65**)? Versuchst du, Moepsel zu beruhigen und zunächst mehr Informationen von ihm zu bekommen (→ **124**)? Oder nimmst du die Beine in die Hand, um Hilfe zu holen (→ **72**)?

324

Elonia Bezok mustert dich eine Weile emotionslos. Schließlich nickt sie und tippt eine Nummer in ihr Smartphone. »Burt? Schick jemanden von der Maske rauf für den Non-Promi-Gast. Wir gehen in einer halben Stunde live!«

Kurz darauf erscheint eine junge Frau in der Tür. »Hey! Ich bin Jenny. Du musst Kilian sein, richtig?« Als du nickst, bringt sie dich in eine Künstlergarderobe, wo du professionell geschminkt und gepudert wirst. Ungläubig verfolgst du im Spiegel, wie eine Visagistin dir innerhalb weniger Minuten eine wunderbar glatte Haut und einen gleichmäßigen, bronzefarbenen Teint verpasst. Hättest du *das* gewusst, du hättest dir nie Gedanken über Dinge wie deine Akne machen müssen! Als du dich anschließend im Spiegel betrachtest, siehst du gut aus. *Richtig* gut! Genau so, wie Leute, die in millionenfach gesehenen Livestreams mit Weltstars zu Abend essen, aussehen müssen.

Jenny führt dich aufs höchste Deck der *Mastodon*. Dort bestrahlen Scheinwerfer eine lange, verschwenderisch dekorierte Tafel, die du aus zahlreichen Streams kennst. Dein Herz beginnt zu rasen, als du begreifst, dass du nun *wirklich* hier bist! Es wird passieren!

Schon taucht am anderen Ende des Decks eine sonnengebräunte, breitschultrige Gestalt in einem taillierten Seidenhemd auf. Dr. Feast! Als er dich sieht, hebt er grüßend die Hand und kommt auf dich zu ... Hast du vor deiner Ankunft hier eine Begleitperson angegeben, die an diesem Abend an deiner Seite sein soll (→ **195**)? Ist das nicht der Fall (→ **333**)?

325

Du schluckst eine Pille. Bereits in der folgenden Unterrichtsstunde – Religion bei Frau Übleis – setzt die Wirkung ein: Du bist geradezu apokalyptisch aufgedreht, meldest dich am laufenden Band und bestreitest quasi den ganzen Unterricht allein. Auch den Rest des Tages fühlst du dich irgendwie anders als sonst ... gar nicht richtig wie du selbst, aber wenigstens denkst du so nicht ständig an deine Probleme.

Dann kommt die Nacht. Und die Dunkelheit. Weit nach Mitternacht wachst du mit rasendem Herzschlag auf – eine Panikattacke! Du hast keine Ahnung, wovor du so wahnsinnige Angst hast, aber es ist die grässlichste Erfahrung deines Lebens. Dein Wimmern und Schluchzen alarmieren deine Mutter. Die ist von deinem rasenden Puls so beunruhigt, dass sie den Notarzt ruft. Mit Blaulicht wirst du ins Krankenhaus gefahren, wo man alle möglichen Messungen vornimmt, dir ein kreislaufstabilisierendes Mittel spritzt und dich an einen Tropf mit Nährlösung hängt. Erst am Nachmittag des folgenden Tages darfst du wieder nach Hause. Bis dahin hat sich die unrühmliche Episode leider schon an der ganzen Schule herumgesprochen ... *Mach im vorderen Buchdeckel einen Strich bei* ***CRINGE*** (→ **63**)*!*

326

Als du am folgenden Tag die Augen aufschlägst, brauchst du ein paar Sekunden, bis dir dämmert, weshalb dies ein besonderer Tag ist: Es ist dein Geburtstag! Du springst aus dem Bett und unter die Dusche, dann stürzt du dich auf die Geschenke, die bereits in der Küche warten. Voller Vorfreude reißt du ein Paket nach dem anderen auf ... Doch was ist das? Socken? Ein Viererpack Ringordner? Fake-Tattoos zum Aufkleben? Ein Gutschein für den einzigen Buchladen der Stadt, der weder E-Books noch Spiele führt? Und ein ganzes Tablett von Moms berühmten, nach nichts schmeckenden Cupcakes?

Das ist alles?

Nein, natürlich nicht! Da steht es, das größte Paket von allen. Ob es enthält, was du dir gewünscht hast? Tatsächlich: ein nagelneuer Laptop der neuesten Generation, mit ausreichend Arbeitsspeicher zum Zocken! Endlich kann die altersschwache Möhre aus deinen Grundschultagen in den Müll. Du kannst es kaum erwarten, alles Notwendige zu installieren und das Ding in Betrieb zu nehmen.

Nach der Schule schnappst du dir den Rechner und ziehst dich damit in dein Zimmer zurück ... Hat dich dein Dad kürzlich zu eingeschränkter Bildschirmzeit verdonnert und dieses Verbot bislang nicht wieder aufgehoben (→ **209**), oder ist dies nicht der Fall (→ **147**)?

327

Kurz nach Schulschluss kommt seine Antwort: ein einzelnes Mittelfinger-Emoji. Okay – das war wohl nichts. *Mach im vorderen Buchdeckel einen Strich bei* ***CRINGE!*** Aber vielleicht ist es ohnehin besser, deine Energie in dieser stressigen Phase deines Lebens nicht mit Flirten und Dating zu verschwenden, sondern dich auf die wirklich wichtigen Dinge zu konzentrieren (→ **161**)?

328

BLITZ! Es dauert ein paar Sekunden, bis du wieder etwas sehen kannst. Alles scheint wie vorher, die Hausmeisterwerkstatt hat sich nicht verändert. Oder? Moepsels altmodische Wanduhr mit Datumsanzeige behauptet, es sei kurz nach zehn – *am Mittwoch vor einer Woche!* Sonderbar.

Du verlässt die Werkstatt und streifst durch die verwaisten Flure der Schule. Alle sind im Unterricht. Da fällt dir plötzlich etwas ein. Du eilst nach draußen und wirfst durch ein Fenster im Erdgeschoss einen Blick in jenes Klassenzimmer, in dem du letzten Mittwoch den Mathetest bei Enoch Grimm, dem alten Leuteschinder, verhauen hast. Wahnsinn: Du siehst deine Klasse über der Mathearbeit schwitzen – und DICH, wie du verzweifelst an deinem Stift kaust!

Du kombinierst blitzschnell: Grimm hat den Test wie immer in Rekordzeit korrigiert und zurückgegeben, du kennst jetzt alle Lösungen. Du erinnerst dich, dass dir während des Tests irgendwann kurz unwohl wurde und du die Toilette aufgesucht hast ... Just in diesem Moment erhebt sich dein anderes Ich vom Stuhl und geht zur Tür.

Du witterst eine Chance, dein Testergebnis zu retten. Blitzschnell rennst du zurück ins Schulgebäude – und passt dich selbst auf dem Flur ab. Dein anderes Ich ist schockiert, doch du erläuterst ihm die Sachlage und bietest an, den Test an seiner Stelle zu schreiben. Hinterher, so dein Plan, tauscht ihr dann wieder.

Dein Vergangenheits-Ich ist einverstanden. Du marschierst an seiner Stelle zurück ins Klassenzimmer und schreibst all die Antworten nieder, die Grimm euch zwei Tage nach dem Test unter die Nase gerieben hat. Natürlich bist du früher fertig als alle anderen. Du gibst ab und verlässt den Saal. Doch anders als abgesprochen erwartet dich draußen ... niemand. Offenbar ist dein Vergangenheits-Ich abgehauen, um sich einen schönen Vormittag zu machen. *Typisch du!* Willst du, damit sein Fehlen nicht auffällt, die Rolle deines früheren Ichs übernehmen und an seiner Stelle den restlichen Unterricht des Tages absitzen (→ **196**)? Oder kehrst du zur Zeitmaschine zurück, um dem Spuk ein Ende zu machen (→ **50**)?

329

Als du erwähnst, dass du *unter Umständen* bereit wärst, dich *etwas* mehr im Haushalt einzubringen, murmelt dein Dad, wie schauderhaft die Farbe am Garagentor schon wieder abblättere ... (→ **112**)

330

Du hast deine Wahl getroffen: DU BIST DODO!

Bei Abschnitt **300** findest du deinen **Steckbrief**. Knick eine Ecke der betreffenden Seite um, damit du ihn jederzeit leicht findest. Dort kannst du während der Geschichte Eintragungen vornehmen, zum Beispiel wenn du Kontaktdaten von Personen erhältst oder sich etwas an deiner BUCKETLIST ändert. Besorg dir dazu am besten einen Bleistift. Den brauchst du auch, um noch eine Sache zu erledigen, bevor es losgeht: Du musst bestimmen, für wen du (Dodo) dich in Sachen Liebe am ehesten interessierst: Für Mädchen mach in der Rubrik CRUSH ein Kreuz in das Kästchen GIRL, für Jungs bei BOY. Hast du für Knutscherei und Händchenhalten generell eher nichts übrig, setz ein Kreuz bei NIX.

Wichtiger Hinweis: Die folgende Geschichte wird für Dodo an vielen Stellen anders verlaufen als für Ida oder Kilian. Solltest du beim Lesen zu einem Abschnitt kommen, vor bzw. hinter dessen Nummer dieses Symbol steht: **O**, bedeutet das, *dass du diesen Abschnitt nicht lesen musst.* **Ziehe stattdessen 30 von seiner Nummer ab** und lies beim entsprechenden Abschnitt weiter!

Jetzt aber zurück zu deiner Freistunde und der vertrauten Gestalt, die da so aufgeregt angerannt kommt … (→ **149**)

331

Das Fitnessstudio ist ganz neu, ansprechend eingerichtet und wird überwiegend von jungen Leuten besucht. Eine freundliche Mitarbeiterin erstellt einen Trainingsplan für dich, und schon bei deinem zweiten Besuch darfst du selbstständig an den Geräten trainieren. Anders als befürchtet, sind die Übungen nicht so schwer, dass sie dich überfordern – aber du kannst sie problemlos steigern, sobald du fitter wirst. Parallel reduzierst du deinen Konsum von Süßkram, wie Jannick Khong es dir geraten hat. Steht auf deinem **Steckbrief** bei Crush ein Kreuz bei BOY, das *nicht* eingekreist ist (→ **133**)? Andernfalls → **321**.

332

Ivo ist total durch den Wind. Kein Wunder – bis auf die Zeit, die er in der Schule absitzt, verbringt er sein komplettes Leben online, programmiert Datenbanken, hackt Firewalls und macht anderes Zeug, das keiner versteht. Seinem Gestammel kannst du nur entnehmen, dass jetzt »alles am Arsch« sei. Du versuchst, ihn zu trösten, aber ist überzeugt, das Ende der Welt sei gekommen. Zum Abschied drückt er dir eine altmodische Visitenkarte in die Hand. »Back to the roots«, schnieft er. »Festnetz und Briefpost – alles andere funzt nicht mehr. Die Mailadresse da drauf kannst du streichen.« Du wirfst einen Blick auf die besagte Adresse: SuperCheckerDemonWarrior_157@web.de. Als du wieder aufsiehst, ist Ivo davongewankt. *Notiere dir seine Mailadresse auf der Kontaktliste deines* ***Steckbriefs****!*

Du eilst nach drinnen, um herauszufinden, was eigentlich passiert ist (→ **89**).

333 Wenige Minuten später beginnt der Livestream. Wie bei »Come Feast With Dr. Feast« üblich, darfst du als Non-Promi-Gast als Erstes an der Tafel Platz nehmen. Dann erscheinen nach und nach die VIPs, die Thomas Covenant für diese Episode eingeladen hat, während Kameras aus allen Winkeln deine Reaktion mitschneiden. Und sie haben einiges zu tun: Nacheinander nehmen eine deiner absoluten Lieblingsschauspielerinnen, ein Tennisprofi aus der Top Five der Weltrangliste, der Gewinner des diesjährigen E-Sports-Weltcups, ein schwedisches Männer-Topmodel sowie deine liebste Sängerin am Tisch Platz. Dank deines Trainings in den zurückliegenden Wochen gelingt es dir, cool zu bleiben und nicht wie ein nervöses Baby zu wirken. Nach der Begrüßung tragen Kellner in weißen Livreen die elf Gänge des heutigen Menüs auf. Bevor du zur Gabel greifst, tust du, was du dir zu Hause vorgenommen hattest: Als eine Kamera dich in den Fokus nimmt, lächelst du in bester Grinsekatzen-Manier hinein, so breit du kannst.

Du hast die Challenge deines Lebens erfolgreich gemeistert! Zwar ahnst du, dass in der Zukunft weitere Herausforderungen auf dich warten werden, aber das liegt erst mal in weiter Ferne. Für heute bist du ein weltweit gefeierter Star und darfst es genießen!

ENDE

PS: Falls du es dir zutraust, versuch die Challenge doch gleich noch mal – aber diesmal in einer anderen Rolle!